GÜTERSLOHER
VERLAGSHAUS

Hannes Jaenicke
in Zusammenarbeit mit Swantje Steinbrink

DIE GROSSE VOLKS VERARSCHE

Wie Industrie und Medien uns zum Narren halten

Gütersloher Verlagshaus

Inhalt

0

7 Irrungen und Wirrungen im Konsumdschungel:
Der Konsument, das ohnmächtige Wesen?

1

13 Ex und hopp oder:
Der Verpackungswahn

2

32 Rien ne va plus:
Das falsche Spiel der Banken

3

52 Volksdroge Glotze:
Die mediale Massentäuschung

4

69 Heute schon gecremt?
Das Gigageschäft mit der Schönheit

5

80 Mission oder Milliardenmarkt?
Die Wahrheit über die Energiewende(hälse)

6

96 Giftige Grüße aus Bangladesch:
Die grausamen Deals der Bekleidungsindustrie

7
113 Der Deutschen heiligste Kuh:
Die lukrativen Lügen der Autolobby

8
127 Was war zuerst da: die Krankheit oder die Arznei?
Profitable Maschen der Pharmaindustrie

9
151 Lecker, lecker, Lüge: Noch ein edles Tröpfchen gefällig?
Wenn Genuss zum Verdruss wird

10
163 Kleine Leute, große Meute:
Die unterschätzte Macht des Konsumenten

11
170 Mein persönlicher »Konsumdschungel«-Guide

12
173 Werke und Websites für Wahrheitssucher

177 Quellenverzeichnis

185 Abbildungsverzeichnis

186 Danksagung

187 Anmerkungen

Irrungen und Wirrungen im Konsumdschungel: Der Konsument, das ohnmächtige Wesen?

> *»Die Welt hat genug für jedermanns Bedürfnisse,*
> *aber nicht für jedermanns Gier.«*
> Mahatma Gandhi

»Dann müsste ich ja nackig rumlaufen«, sagte neulich eine junge Kollegin bei einer Drehpause, als sie erfuhr, unter welchen Arbeitsbedingungen ihr Lieblingslabel seine Textilien fertigen lässt und wie viele Schad- und Giftstoffe in herkömmlicher Kleidung stecken. Ich recherchierte gerade über die Praktiken der Textilindustrie. Sie zählte die Hersteller von Bluse, Jeans, Unterwäsche und Schuhen auf, die sie anhatte – und hob resigniert die Schultern. »Was kann man denn dann überhaupt noch kaufen?«
Leider eine berechtigte Frage. Das vorliegende Buch ist ein Versuch, sie zu beantworten.

Der Konsument, das ohnmächtige Wesen ... Können wir wirklich nichts mehr kaufen, essen, anziehen, *ohne* unsere Gesundheit oder Umwelt zu gefährden und die Machenschaften von skrupellosen Konzernen und deren Managern zu unterstützen? Immerhin werden wir fast täglich mit neuen Enthüllungen in sämtlichen Bereichen unseres Alltags konfrontiert: giftige Bio-Eier, Pferde-Lasagne, Uran im Trinkwasser, toxisches Antimontrioxid in Bratschläuchen und Plastikbackformen, gentechnisch manipulierte Lebensmittel, tierisches Bindegewebe in Multivitaminsaft, problematische Zusatzstoffe in Bio-Lebensmitteln,

Fleisch von krankgezüchteten Tiermutationen, Bio-Körner aus China, Pseudo-Siegel und gefälschte Kundenbewertungen, Kinder- und Sklavenarbeit, ein von Lobbyisten infiltriertes Verbraucherschutzministerium, besser Verbraucherverschmutzungsministerium genannt, käufliche NGOs à la WWF, großzügige Steuergeschenke für Großkonzerne wie Google, Apple, Starbucks und, und, und. Großartig, könnte man meinen, dann wissen wir doch wenigstens jeden Tag ein wenig genauer, woran wir sind. Doch unser Vertrauen in Industrie, Medien und Politik wächst dadurch sicher nicht. Was wächst, sind höchstens Verunsicherung, Irritation und Misstrauen. Nicht zuletzt angesichts der engen Verflechtung der einzelnen Industrien untereinander: Kosmetik – Kunststoff – Lebensmittel – Pharma; Auto – Energie – Banken; Medien – Kosmetik ... da capo al fine ... sowie aller Industrien wiederum mit Medien und Politik. Und mittendrin wir, die Verbraucher, Kunden, Patienten und Wähler, um die so hart gefeilscht und geworben wird. Von allen Seiten, Wänden und Bildschirmen springen sie uns an, die Lockmittel und Kaufanreize, die glücksverheißenden Konsumangebote. Und wenn nötig, werfen die Konzerne dafür auch sämtliche ethisch-moralischen Werte über Bord ... Aber es ist wie immer und überall im Leben: Ausgestreckte Zeigefinger und Schuldzuweisungen helfen nichts. Verantwortlich für diese Entwicklung ist die fatale Liaison von Geiz (der Konsumenten) und Gier (der Industrie) in unserer Gesellschaft. »Ohne es zu merken, (...) sind wir von einer Marktwirtschaft in eine Marktgesellschaft geschlittert«, sagte der amerikanische Philosoph Michael J. Sandel kürzlich in einem SPIEGEL-Interview.[1] Für Sandel ist »die moralische Leere der gegenwärtigen Politik« ein wesentlicher Faktor für »den spürbaren Rückgang der Sorge um das Allgemeinwohl«. Zählt für den Einzelnen wie für die Industrie tatsächlich nur noch der

Gewinn? Zweifellos müssen Unternehmen Gewinne anstreben und machen, sonst würde unsere Wirtschaft kollabieren. Doch ohne moralisch-ethische Grenzen kollabiert jede soziale Gemeinschaft. Und inzwischen scheint »Gewinnmaximierung um jeden Preis« das Credo der Zeit zu sein. Ob durch Augenwischerei, Greenwashing, Schönfärberei, Fehlinformation, Heimlichtuerei, Sponsoring oder schlicht und einfach Betrug – die Industrie und ihre Lobbyisten spielen ihre Marktmacht gnadenlos aus, immer im Sinne des einen großen Zieles: Profit. Moral, Mitgefühl und soziales Gewissen bleiben viel zu oft auf der Strecke oder werden bewusst ignoriert, weil sie gemeinhin als ökonomische Bremsen gelten. Welche Rolle Parteispenden in diesem Machtpoker spielen, sei mal dahingestellt. Bemerkenswert ist aber, dass die Einzelspenden über 50.000 Euro (erst ab dieser Höhe werden sie veröffentlicht, z. B. auf www.bundestag.de) im Jahr 2012 vor allem von der Automobil-, der Metall-/Elektro- und der Bekleidungsindustrie kamen. Korruption, mangelnde Transparenz und Lobbyismus halten treu Händchen und bilden somit einen teuflischen Dreier, dem dringend das Handwerk gelegt werden sollte. Doch die schwarz-gelbe Bundesregierung sperrt sich nach wie vor mit allen Mitteln gegen ein Anti-Korruptionsgesetz; sie vertritt die Ansicht, Abgeordnete müssten sich ungehindert mit Lobbyisten austauschen können, gerne auch bei regelmäßigen Abendessen.[2] Dazu passt, dass deutsche Abgeordnete niemals *vor* einer Abstimmung im Parlament als »Beraterhonorar« getarnte Schmiergelder annehmen dürfen. *Nach* einer Abstimmung im Parlament (oder bei Abstimmungen auf einem Parteitag oder in der Fraktion) sieht das allerdings ganz anders aus. Ergo: »Überweisen Sie mir das vereinbarte Honorar doch bitte erst kommenden Monat. Mit freundlichem Gruß, Ihr Volksvertreter.« Übrigens hat auch niemand etwas dagegen, wenn die

Abgeordneten sich als Parlamentarier dafür bezahlen lassen, bestimmte Gesetze oder Gesetzesänderungen einzubringen. Diätenerhöhung der etwas anderen Art ...

Ein besonders offensichtliches Beispiel für erfolgreiche Parteispenden lieferte der Unternehmer und Hotelier Baron von Finck junior (u. a. Hotelkette Mövenpick) rund um die Bundestagswahl 2009: Großzügig spendete er an die FDP – und prompt wurden die Steuersätze für Hotels kurz nach der Wahl gesenkt. Und haben Sie schon mal von der SEAP gehört? Von der Society of European Affairs Professionals? Nein? Dahinter steckt nichts anderes als die Lobbyistenlobby mit Sitz in Brüssel, in unmittelbarer Nachbarschaft des Parlaments. Auf einen EU-Abgeordneten kommen in der belgischen Hauptstadt zwanzig Lobbyisten. Aus Sicht der professionellen Industrievertreter sorgen sie dafür, dass die Parlamentarier alltagstaugliche Gesetze erlassen. Schön gesagt ... Das Lobbying-Praxishandbuch für Unternehmer wird da schon deutlicher. Demnach ist Lobbyismus schlicht und ergreifend die gezielte Beeinflussung von Entscheidungsträgern in Politik und Verwaltung. Im Dunstkreis von Abgeordneten und Parlamentariern in Berlin haben es sich immerhin etwa 5.000 Lobbyisten auf die Fahnen geschrieben, Politikern und Politikerinnen die »richtigen« Entscheidungen einzuflüstern. So beschäftigen beispielsweise allein sieben Bankenverbände gut 300 Mitarbeiter in der Bundeshauptstadt.

»Politik ist nur der Spielraum,
den die Wirtschaft ihr lässt.«
Dieter Hildebrandt

KONSUMENTEN-NAVI

Wer Lust hat auf konkrete Einblicke in den deutschen Politikalltag, sollte sich unbedingt den Blog des Bundestagsabgeordneten Marco Bülow anschauen: http://blog.marco-buelow.de.
Und wer sich gezielt über Lobbyismus informieren bzw. sich dagegen engagieren will: www.lobbycontrol.com.
Auch Transparency International ist eine wichtige Organisation, wenn es um Transparenz und Korruptionsbekämpfung geht.

Nach Legislative, Judikative und Exekutive gelten Presse/Medien und Lobbyismus als die vierte und fünfte Gewalt im Staat. Zu Recht. Denn beide üben direkten Einfluss aus. Die Medien auf die öffentliche Meinung, die Lobbyisten auf politische Entscheidungen. Und dazwischen? Wir. Die Konsumenten. Wähler. Endverbraucher. Eingeklemmt. Bezirzt. Ausgetrickst. Manipuliert. Verarscht. Aber: Unser Konsum gibt uns auch Macht. Denn auf kaum etwas reagieren Unternehmen so sensibel wie auf unseren Umgang mit dem Geldbeutel. Schließlich liegt es allein an uns, für welche Krankenkasse, Klamottenmarke, welchen Handy- und Internetanbieter, welches Duschgel und welchen Stromanbieter wir uns entscheiden. Kritisches Hinterfragen, Durch- und Überblick stärken diese Macht, weil wir sie dann gezielt einsetzen und schließlich unsererseits den Markt beeinflussen können. Aktive Konsumentenlobbyarbeit eben ...

KONSUMENTEN-NAVI

Wer weiß, dass er verarscht wird, hat die Freiheit gewonnen zu entscheiden, was er daraus macht. Und kann bequem überprüfen, wer uns verarscht und wer nicht, z. B. bei www.fairness-check.de.

»One person can make a difference,
and everyone should try.«

»Schon ein Einzelner kann zur Veränderung beitragen,
und jeder sollte es versuchen.«

John F. Kennedy

1 Ex und hopp oder: Der Verpackungswahn

Unsere Vorfahren lebten in der Stein-, Bronze- oder Eisenzeit. Wir leben im Plastikzeitalter, auf dem Plastic Planet. Vom Schnuller und kunterbuntem Kindergeschirr über Zahnbürsten und Outdoorjacken bis hin zu Plastikflaschen, Plastiktüten und dem plastifizierten Verpackungswahn jedes erdenklichen Gegenstandes, ob in der Drogerie, Apotheke, Supermarkt, Kaufhaus oder Boutique. Nicht nur, dass wir *uns* damit zumüllen – schon jetzt ließe sich unsere Erde sechsmal in den Kunststoff einpacken, den wir seit 100 Jahren produziert haben –, wir muten auch der Umwelt extrem viel zu. Zu viel. Die Meere sind inzwischen so von der Plastikpest verseucht, dass einige Fischer mehr Plastikmüll als Fisch in ihren Netzen haben. Seevögel füttern ihre Jungen mit Plastikfetzen, die daran kläglich zugrunde gehen. Fische verwechseln Plastikpartikel mit Plankton und vergiften sich. Im nordöstlichen Pazifik treibt eine Plastikinsel, »The North Pacific Gyre« genannt, die jetzt schon achtmal so groß ist wie Deutschland. Und wächst. Und wächst. Und wächst. Derartige schwimmende Plastikmüllhalden entstehen in allen Weltmeeren – auch im Mittelmeer.

Plastik ist aber nicht nur eine Müllseuche, sondern zuallererst ein Ölprodukt. Die Ölmenge, die für die Produktion der nur in Deutschland jährlich verwendeten Plastikverpackungen benötigt wird, entspricht jener Menge Öl, die 2010 bei der Deepwater-Horizon-Katastrophe in den Golf von Mexiko geflossen ist.

Obendrein verursacht allein der Boom der Einwegplastik- respektive Polyethylenterephthalat (PET)-Flaschen zusätzliche CO_2-Emissionen von 1,4 Millionen Tonnen. Pro Jahr. Tendenz steigend. Doch Einweg ist ein so herrliches Milliardengeschäft für die Verpackungsindustrie – in Deutschland werden jährlich zehn Milliarden PET-Flaschen verkauft –, dass die alles daransetzt und immer neue Marketingstrategien austüftelt, um es weiter voranzutreiben. Unterstützt wird sie in Sachen PET-Flaschen leider durch das gut gemeinte und im Hinblick auf sortenreines Recycling auch gut funktionierende Pfandsystem; denn viele Menschen, die ihr Wasser aus den ach so praktischen Plastikflaschen trinken, haben dabei sogar ein gutes Gewissen, schließlich werden die Flaschen ja, wenn sie zurückgegeben wurden, recycelt. Das stimmt. Zumindest teilweise. Allerdings machen insbesondere die Discounter, die voll und ganz auf Einweg setzen, damit gleich noch einmal einen Batzen Geld, indem sie die brav zurückgegebenen Einweg-PET-Flaschen an die Recyclingindustrie verkaufen. Und bei einer Rücklaufquote von erfreulichen 98,5 Prozent in Deutschland kommt da so manche Tonne Einwegplastik zusammen. Besonders hoch ist der Plastikbedarf in China, wo man aus unserem PET-Einwegplastik unter anderem Pullover, Trainingshosen und Jacken herstellt. Bei rund 16 Flaschen je Pullover rechnet sich das schnell ... Nur leider nicht für unsere Umwelt: Forscher warnen vor dem Mikroplastik, das bei jedem Waschen erst ins Abwasser, dann ins Meer und schließlich in die Nahrungskette gerät. Was nicht in Chinas Bekleidungsfabriken, auf asiatischen Deponien oder im Meer landet, wird zu minderwertigen Plastikprodukten verarbeitet.

Die Antwort auf meine Anfrage bei Netto, wie viele Einwegplastikflaschen monatlich zurückgegeben werden (durchschnittlich in Kilogramm):

Leider können wir Ihnen die gewünschten Informationen nicht zur Verfügung stellen, da unsere Daten ausschließlich für den internen Gebrauch bestimmt sind.
Wir bitten um Verständnis.

Mit freundlichen Grüßen
Netto Marken-Discount AG & Co. KG
Industriepark Ponholz 1
93142 Maxhütte-Haidhof

Und auch von Lidl kam außer der standardisierten Antwortmail des Kundenservice (*Ihre Anfrage ist zur Bearbeitung bei uns eingegangen. Sie erhalten in Kürze eine Rückmeldung. Bis dahin bitten wir Sie noch um etwas Geduld.*) keinerlei konkrete Reaktion. Geduld hin oder her ... Tja, man lässt sich eben nicht gerne in die Karten gucken. Zumal dieses Recyclingzusatzgeschäft den Preis für das Discounterwasser subventioniert, womit der fatale Kreislauf rund wäre: preiswertes Mineralwasser in Einweg-PET-Flaschen, höherer Absatz, mehr Einwegplastikflaschen, niedriger Preis, noch mehr Kunden, noch mehr Einwegplastik ... Inzwischen teilen sich Aldi und Lidl 50 Prozent des gesamten deutschen Mineralwasser-Marktes – und der Mehrweganteil beim Mineralwasser ist in Deutschland auf traurige 36 Prozent gesunken.

> **KONSUMENTEN-NAVI**
> Die gute alte Glasflasche ist und bleibt die umweltscho-
> nendste Verpackungsform für Getränke.
> Sie wird in Deutschland bereits zu 80 Prozent wiederverwertet, enthält
> weder giftige Rückstände noch Chemikalien und wird im Schnitt bis zu
> 70-mal verwendet, bis sie eines traurigen Tages zu Bruch geht.

Warum quälen wir uns eigentlich mit dieser ständigen Mineral-
wasser-Schlepperei?

Erstens sind die meisten sogenannten Mineralwässer kaum
mehr als aufbereitetes Leitungswasser (z. B. Bonaqua) und eine
Gelddruckmaschine für die Getränkeindustrie.

Zweitens wird ein großer Teil des bei uns verkauften Mineral-
wassers aufwendig, teuer, umweltfeindlich und nach Diesel
stinkend über die Alpen oder quer durchs Land gekarrt, allen
voran so beliebte Marken wie Evian, Volvic, Spa, Panna, San
Pellegrino.

Drittens liegen etliche Studien vor, darunter auch vom Umweltbundesamt, die beweisen, dass deutsches Leitungswasser größ-
tenteils sauberer und reiner ist als gekauftes Wasser. Warum
sonst empfehlen Kinderärzte, Babynahrung lieber mit Leitungswasser anzurühren? Für die Bakteriophoben, Hypochonder und
Paranoiker unter uns: Keine Abfüllanlage eines Mineralwasser-
herstellers wird so oft, so genau und so streng auf mögliche Ver-
keimung untersucht wie unser Trinkwasser. Leitungswasser ist
das am strengsten kontrollierte Lebensmittel in Deutschland.

Viertens ist gekauftes Mineralwasser reine Geldverschwendung.
Es kostet etwa zehnmal so viel wie Wasser aus dem Hahn.

Und fünftens gibt es seit Jahrzehnten sogenannte Sodasprudler, mit denen man zu Hause bequem und viel preiswerter sein eigenes Getränk mit Blubber zubereiten kann. Ohne Geschleppe, Recycling, Umweltbelastung, Giftmüll. In Ländern wie Israel, die unter Wasserknappheit leiden, steht ein solcher Sprudler in fast jedem Haushalt.

Warum also lassen wir uns von der milliardenschweren Getränkeindustrie und Konzernen wie Nestlé (dem zahlreiche bekannte Mineralwassermarken gehören, z. B. San Pellegrino) und Coca-Cola (Bonaqua, Apollinaris, Vio etc.) derartig verarschen und verhelfen ihnen dabei auch noch zu Rekordgewinnen?

Geiz ist nicht nur geil, sondern auch giftig!

Ob den Kunden die Lust auf Discounterwasser verginge, wenn sie wüssten, dass das erfrischende Nass dank der Kunststoffumhüllung nicht nur mit Kohlensäure, sondern auch mit Giftstoffen angereichert ist? Denn Kunststoff ist porös. Und je billiger der Kunststoff, desto anfälliger ist er für Chemikalienübergänge: Das Plastik reagiert mit dem Füllgut. Sie brauchen einen Beweis? Befüllen Sie doch mal eine leere, ausgespülte Cola-Plastikflasche mit Mineralwasser. Sie werden merken: Das Material hat das Cola-Aroma schon so stark angenommen, dass auch das frisch eingefüllte Wasser nach kurzer Zeit wieder aromatisiert schmeckt ... Nicht umsonst ist ein Getränk in einer PET-Flasche deutlich kürzer haltbar als dasselbe Getränk in einer Glasflasche. Apropos Cola: Da Cola einen aggressiven pH-Wert hat, sind übrigens alle Cola-*Dosen* von innen beschichtet. Dumm nur, dass in dieser Beschichtung der Weichmacher Bisphenol A (BPA) steckt, ein gesundheitsschädliches Pseudohormon, vor dem nicht nur das Umweltbundesamt immer wieder warnt. Kein Wunder also, dass sich inzwischen auch die Coca-Cola-Company bemüht, ihr dunkelbraunes Urgestein der Erfrischungsgetränke modisch grün anzustreichen – mit der PlantBottle: 14 Prozent pflanzliche Rohstoffe, 35 Prozent recyceltes und 65 Prozent Neumaterial. »100 % recyclebar« –, um die ertragreiche Einwegverpackung schön salonfähig zu machen!

Doch zurück zu den herkömmlichen PET-Einwegflaschen ... Wenn der Kunststoff mit dem Sprudelwasser reagiert, gelangen nicht nur die Aromen in den Kunststoff, sondern auch chemische Substanzen aus dem Kunststoff in das Wasser, zum Beispiel das als krebserregend verdächtigte Schwermetall Antimonoxid sowie Acetaldehyd, eine Chemikalie, die sowohl den Geschmack von Getränken, insbesondere Wasser verdirbt, als auch unter dem Verdacht steht, ein Krebsgift zu sein. Und wir wundern uns über kontinuierlich steigende Krebsraten? ... Während hochwertigere PET-Mehrwegflaschen immerhin mit Acetaldehyd-Blockern versehen sind, müssen die billigen Einweg-PETs völlig ohne Schutzschicht auskommen, sodass die chemischen Stoffe freie Bahn haben. Vor allem von Flaschen, die länger in der Sonne gestanden haben, sollte der Durstige unbedingt den Mund lassen, denn je stärker der Licht- und Wärmeeinfluss, desto reger der Austausch mit den Chemikalien aus der Verpackung. Das gilt übrigens für alle Plastikverpackungen. Und wer weiß schon, wo sich die diversen Flaschen und Packungen auf dem Weg in den Laden überall aufgehalten haben? Man denke nur an einen sommerlichen Stau auf der Autobahn ... Ich habe aber auch schon Discounter gesehen, wo das mit Wasser oder Apfelschorle gefüllte Plastik in Fensternähe gestapelt wurde. Na dann, Prost ... Wer sich und der Umwelt einen Gefallen tun möchte, erfrische sich also lieber wieder mit gesunden Getränken aus der umweltfreundlichen Mehrwegglasflasche.

KONSUMENTEN-NAVI
Jede Einwegflasche mit Pfandpflicht ist mit dem Symbol der Deutschen Pfandsystem GmbH gekennzeichnet:

Eine Flasche mit dem Mehrweg-Symbol oder dem Schriftzug »Mehrweg« ist garantiert eine Mehrwegflasche.[3]

So geht Verpackungsindustrie heute: Wegwerfartikel mit ökologischem Touch

»Dass in Deutschland jährlich mehr als 100.000 Tonnen Kunststoff allein für Plastiktüten verschwendet werden, ist ein Skandal«, so der Geschäftsführer der Deutschen Umwelt Hilfe (DUH) Jürgen Resch. Ganz zu schweigen von dem sonstigen Plastikverpackungswahnsinn um uns herum. Haben Sie schon mal versucht, im Supermarkt plastikfrei einzukaufen? Gleich am Gemüsestand geht's los: Dem verzehrfertigen, in Plastik abgepackten Salat aus dem offenen Kühlfach – man kann der Energie förmlich zusehen beim Verpuffen – entgehe ich, indem ich mich für einen ganzen Salatkopf entscheide. Die Möhren im Plastiksack müssen ebenfalls nicht sein, es gibt sie schließlich auch lose. Aber wie soll ich das Kilo loser Möhren transportieren? Einfach in den Einkaufswagen und dem Kassierer dann aufs Band legen? Na, der wird sich freuen beim Abwiegen ... Also doch den kleinen weißen Plastikbeutel am Gemüsestand? Okay, dann eben keine Möhren. Stattdessen steuere ich auf die Bio-Gurken zu. Die aber stecken in einem straffen Plastikmantel. Auch die Bio-Tomaten und die Bio-Äpfel sind mit Kunststoff umhüllt. So was Hirnrissiges ... Inzwischen kenne ich aber wenigstens die Begründung: Mithilfe der Plastikverpackung möchte man vermeiden, dass pfiffige Kunden sich die teurere Bio-Ware erschummeln; könnte ja einer auf die Idee kommen, eine Bio-Gurke als Billiggurke aufs Kassenband zu legen ...

Weiter geht's zur Käsetheke: »Bitte 200 Gramm Appenzeller und ein Stück Brie.« Die Dame hinter der Theke greift freundlich lächelnd zu bereits vorportionierten, in Folie gehüllten Stückchen. »Oh, bitte ohne Folie.« Nicht mehr ganz so freundlich lächelnd werden mir zwei Käsestücke abgeschnitten. Und nun? Auf pure Folie verzichtet sie, aber das mit hauchdünner Folie kaschierte Einschlagpapier muss dann doch wohl sein, da ich ihr gerade keinen mitgebrachten Glasbehälter zur Verfügung stellen kann. Dass solche Verbundmaterialien wie das sogenannte Käsepapier nicht recycelt werden können, weiß ich leider noch nicht und lasse die Verkäuferin gewähren. Tatsächlich wäre es besser gewesen, ich hätte die schlichte durchsichtige Folie gewählt, denn die lässt sich, wenn sie in der Gelben Tonne gelandet ist, immerhin problemlos recyceln.

 KONSUMENTEN-NAVI
Je dunkler, bunter oder kombinierter ein Kunststoff, desto geringer die Recyclingmöglichkeiten.

So werden von den in der Gelben Tonne landenden Kunststoff-verpackungen im Schnitt nur 40 Prozent recycelt. Schwarzer Kunststoff wie bei Einwegkräuter- und Einwegblumentöpfen ist zum Beispiel gar nicht zu recyceln, sondern muss aussortiert und verbrannt werden. Auch Kunststoffzusätze wie Antistatika, Sta-bilisatoren und Gleitmittel schränken die Wiederverwertbarkeit stark ein.

Da ich bei meinem Probeeinkauf von all dem noch keine Ahnung habe, werden meine beiden Käsestücke in das »Käsepapier« ein-gewickelt, bevor mein Einkaufszettel mich zum Kühlregal mit den abgepackten Molkereiprodukten führt. Die Menge an ver-schiedenen Joghurtsorten und -marken – der Großteil davon in Plastikbechern – haut mich jedes Mal um. Dass man aus vieler-lei Gründen die Finger von Müllermilch-Produkten lassen soll, war mir dank diverser Internetpublikationen bereits bekannt. Doch diesmal ist die Krönung eine »strategische Partnerschaft« zwischen dem internationalen Konzernriesen Danone und einer der größten Naturschutzorganisationen der Welt, dem WWF. Der vermeintlich große Umweltcoup: ein Joghurtbecher, der zu 98 Prozent aus nachwachsenden Rohstoffen, genauer, aus mais-basierter Polymilchsäure (PLA) besteht. Allerdings sind nicht sämtliche Joghurtbecher der Firma Danone aus PLA, sondern nur die ACTIVIA-Becher. Nun könnte man denken: Besser als nichts. Aber das stimmt leider nicht. Denn nicht nur, dass nach-wachsende Rohstoffe, ob Mais, Weizen oder Zuckerrohr, durch großflächigen Massenanbau, Überdüngung, Pestizid- und Her-bizideinsatz sowie teils extrem weite Transportwege negative Umweltauswirkungen nach sich ziehen; der eigentliche Klopper ist, dass das sogenannte Bioplastik ein gravierendes Recycling-problem hat. Doch von alledem ist selbstverständlich keine Rede, wenn die Kunststofflobby ihre »ressourcenschonenden und kompostierbaren« Einwegprodukte anpreist – am lautesten und schillerndsten natürlich dort, wo der potenzielle Absatz am größten ist. Und dazu gehören fraglos die Vereine der Fußballbundesliga. Allen voran Branchenprimus FC Bayern München, der das Mehrwegsystem in der Allianz-Arena prompt wieder abschaffte. Nun trinken die bis zu 70.000 Zuschauer je Veranstaltung also wieder aus Einwegbechern. Ex und hopp. Allein bei 15 Fußballspielen mit je 40.000 Zuschauern und einem Verbrauch von 1,5 Bechern (à 0,5 l) je Person kommt man auf einen unfassbaren Plastikmüllhaufen von knapp eine Million Bechern. Und das Saison für Saison. Stadion für Stadion. Die Strategie der Bioplastik-Industrie ist also voll aufgegangen. Günstige Wegwerfartikel mit grüner Weste. Wie verwaschen diese grüne Weste tatsächlich ist, haben die Deutsche Umwelt Hilfe (DUH) und das Bundesumweltamt unisono festgestellt. Von wegen »ressourcenschonend und kompostierbar«. Schließlich wird auch jeder Bioplastikbecher aufwendig hergestellt, nur um nach einmaligem Gebrauch wieder aufwendig entsorgt zu werden ... Hingegen wird jeder Mehrwegbecher in einem Fußballstadion mehr als einhundertmal wiederverwendet. Damit ließen sich laut DUH pro Saison der ersten und zweiten Bundesliga bis zu 17 Millionen Einwegbecher einsparen und deren CO_2-Emissionen halbieren.

»Wenn umweltfreundliche Mehrwegvarianten durch grüngewaschene Einwegsysteme verdrängt werden, ist das besonders schmerzhaft«, sagt DUH-Abfallexperte Thomas Fischer.[4] Denn was die »Kompostierbarkeit« (European Bioplastics) und das »hohe Recyclingpotenzial« (WWF) von Biokunststoff anbelangt, so handelt es sich bei diesen beiden wohlklingenden Argumenten um nichts anderes als um lupenreine Verbrauchertäuschung. Ob nun bewusst oder aus Unwissen, sei mal dahingestellt. Jedenfalls wird Bioplastik so gut wie nie recycelt oder kompostiert, sondern ohne Umwege als normaler Restmüll verbrannt. Kreislaufwirtschaft? Fehlanzeige. Der PLA-Becher von Danone zum Beispiel wäre nur unter folgenden Idealbedingungen biologisch abbaubar: Zunächst müsste er in den herkömmlichen Bioabfall eingearbeitet werden, bis er es schön kuschelig warm hat. 60 bis 70 °C sollten es schon sein. Und wenn der anspruchsvolle Joghurtbecher aus Bioplastik dann noch mit extrem hoher Luftfeuchtigkeit verwöhnt wird, setzt der Kompostierungsprozess auch brav ein, bis nur noch Wasser und CO_2 übrig bleiben. Von Humussubstrat oder Nährstoffen übrigens keine Spur. Solche Idealbedingungen findet unser Bioplastikbecher aber weder im Stadtwald noch beim Kompostierer vor. Sprich, bis sich der Biokunststoff abgebaut hat, dauert es genauso lange, und das heißt sehr, sehr lange, wie bei einem Joghurtbecher aus Rohöl. Damit sind Einwegbecher aus Biokunststoff für jeden Hauskompost und jeden professionellen Kompostierer wertlos. Sie sind sogar unerwünscht. Denn im Gegensatz zu dem wählerischen Bioplastik, zersetzt sich normaler Bioabfall innerhalb von sechs Wochen. Deshalb müssen Biokunststoffe immer erst aufwendig aus dem Bioabfall herausgefischt werden, bevor dieser als Qualitätskompost auf den Markt gebracht werden darf.

KONSUMENTEN-NAVI
Bioplastik/PLA-Kunststoffe gehören nicht in die Braune Tonne.

Also gut, dann eben – trotz angepriesener Kompostierbarkeit – nicht in die Braune Tonne mit dem zukunftsweisenden ACTIVIA-Becher. Sondern? Laut WWF und Danone erfolgt die Entsorgung »wie bisher über den Gelben Sack«. Antwort des DUH-Abfallexperten: »Die Empfehlung der Hersteller, dieses Material in den Gelben Sack zu tun, kann man getrost in die Tonne kloppen.« Denn PLA wird von Infrarotscannern nicht als recycelbare Kunststofffraktion erkannt und für die Verbrennung aussortiert. Und gelangen doch mal PLA-Reste unter den herkömmlichen Kunststoff, löst sich das PLA bei der folgenden Heißwäsche auf. PLA ist eben nicht hitzebeständig und deshalb auch nur für Kaltgetränke oder -speisen wie ACTIVIA-Joghurt geeignet. Setzen sich diese gelösten Stoffe nun an das recycelfähige Material (Recyclat), wird es instabil und damit unbrauchbar. Um PLA zu recyceln, müsste es aber nicht nur sortenrein, sondern auch nach Herstellern sortiert werden. PLA ist nämlich nicht gleich PLA, weil jeder Hersteller andere Antistatika, Gleitmittel und Stabilisatoren beimischt. Eine solche Sortierung wäre folglich ein irrer, ökonomisch völlig schwachsinniger Aufwand.

KONSUMENTEN-NAVI
Bioplastik/PLA-Kunststoffe gehören auch nicht in die Gelbe Tonne.

Stattdessen werden PLA-Materialien inklusive der von Danone und WWF ausgerufenen »zukunftsträchtigen Alternative« wie normaler Restmüll behandelt – und verbrannt. (Bio-)Kunststoffe können allerdings nicht rückstandslos verbrannt werden. Zurück bleiben »künstliche Schadstoffsenken« (Schlacke). Ein fast euphemistischer Fachbegriff, hinter dem sich zum Teil hoch-gefährliche Stoffe wie Dioxine verbergen. Je nach Schadstoffgehalt wird die Schlacke für die Nachwelt unterirdisch deponiert – oder in Baustoffen wie Zement und Asphalt verarbeitet, damit auch wir später noch etwas davon haben ...

Summa summarum hat der WWF mit dieser »strategischen Unternehmenspartnerschaft« sicherlich einen lukrativen Deal gemacht – aber einmal mehr auf Kosten der eigenen Glaubwürdigkeit.[5] Denn bei der ACTIVIA-Verpackung ist nur die Farbe grün. Zumal jeder der vier einzelnen mit einer Pappbanderole verpackten ACTIVIA-Becher lediglich magere 115 Gramm enthält. Und das, obwohl gerade der WWF wissen sollte: je kleiner die Packung, desto schlechter das Verhältnis von Inhalt zu Verpackungsmenge.

Deshalb greife ich auch lieber zu dem Naturjoghurt im 500-Gramm-Mehrwegglas und schiebe meinen Einkaufswagen samt Salat, Käse und Joghurt zur Kasse. Vor mir packt gerade ein junger Mann seine Einkäufe in eine nigelnagelneue bunte Plastiktüte. Eine der durchschnittlich 5,3 Milliarden Plastiktüten, die in Deutschland jährlich (!) verbraucht werden. Das sind 10.000 Plastiktüten pro Minute. Und jede dieser Plastiktüten benötigt, wenn sie nicht recycelt oder verbrannt wird, hundert Jahre, um zu verrotten. Wo um Himmels willen bleibt ein generelles Verbot von Plastiktüten? Wir haben doch eine selbst ernannte »Klima-Kanzlerin« und ihren angeblich so eifrigen Umweltminister! Und was bitte ist verkehrt an der klassischen Tragetasche, auch wenn sie aus der viel belächelten Jute, aus Stoff oder, wie bei dm erhältlich, aus so robustem Kunststoff ist, dass er jahrelang hält?

Im Supermarkt gibt's die Plastiktüten für Peanuts, überall sonst werden einem diese preiswerten Werbeträger sogar kostenlos hinterhergeschmissen. Und so mausern sich viele Haushalte irgendwann zu einer wahren Plastiktütensammelstelle. Besonders

Clevere meinen, eine gute Tat zu tun, wenn sie die Plastiktüten als Müllbeutel verwenden. Doch um einfach verbrannt zu werden, sind sie aufgrund ihrer Rohstoffe zu kostbar.

🗑 **KONSUMENTEN-NAVI**
Wer bereits Plastiktüten zu Hause hat, sollte sie so oft wie möglich wiederverwenden (Re-use) und wenn nötig über die Gelbe Tonne entsorgen.

Sicher sind Ihnen auch schon Bio-Plastiktüten begegnet. Diese sind allerdings (zumindest bislang) ebenso fragwürdig wie andere Produkte aus Biokunststoff – zumal biologisch abbaubare Plastiktüten zu höchstens 30 Prozent aus nachwachsenden Rohstoffen[6] hergestellt werden. Der Rest basiert auf Rohöl. Sonst wäre die Tüte einfach nicht stabil genug. Das Gleiche gilt übrigens für die Bio-Abfalltüten. Auch die gehören, ebenso wie andere Biokunststoffe, weder auf den Kompost noch in die Braune Tonne, weil sie sich eben nicht wie normaler Bioabfall innerhalb von wenigen Wochen zersetzen.

Alternative: Bioladen? Aber auch hier: Plastikverpackungen en masse – und Biotüten. Pro Stück acht Cent. Hergestellt aus Maisstärke – wenn auch, wie wir wissen, nicht zu 100 Prozent. Noch einmal Thomas Fischer: »Da Einkaufstragetaschen robust und reißfest sein müssen, ist ein hoher Anteil an rohölbasierten Materialien notwendig. Plastiktütenhersteller haben gegenüber der DUH bestätigt, dass es aus diesem Grund nicht möglich ist, mehr als 30 Prozent PLA in biologisch abbaubaren Tragetaschen zu verwenden.« Trotzdem schmückt sich die BIO-COMPANY-

Tüte mit der Aufschrift: *Machen Sie Ihren Blumen eine Freude und düngen Sie sie mit unserem Bio-Bag.* Au weia … Auch das Goodies in Berlin scheint den Marketingstrategen der Bioplastikindustrie auf den grünen Leim gegangen zu sein. Die Goodies-Idee: »Bio to go«. Zitat: Vielleicht geht es euch wie uns: *Der Mülleimer quillt über mit Goodies-Salatverpackungen – aber kein Grund zur Panik! Durch unsere neuen kompostierbaren Verpackungen heißt es nur warten … dann zerfallen die Becher zu Staub … und keiner muss runter zur Mülltonne!*

Die Gutgläubigsten (oder Korruptesten?) aber sind die Italiener. Hier wurden die herkömmlichen Plastiktüten einfach gleich ganz verboten, um den Weg für die PLA-Tüte frei zu machen. Und nun raten Sie mal, wo der der größte europäische Hersteller »biologisch abbaubarer Plastiktüten« sitzt. Corretto: im Bunga-Bunga-Berlusconi-Land Italien.

Doch immerhin sollen die Bio-Bags aus dem Bioladen tatsächlich aus *gentechnikfreier* Maisstärke bestehen. Ebenso wie die PLA-Joghurtbecher von Danone und WWF. Wollen wir's mal glauben. Doch die meisten PLA-Produkte in deutschen Läden *können* gar nicht mit gentechnikfreier Maisstärke produziert worden sein; denn solange es in Europa keine PLA-Produktionsanlage gibt, beziehen die hiesigen Bioplastikhersteller ihr PLA vor allem aus den USA. Und dass man dort nicht zimperlich ist beim Einsatz von gentechnisch verändertem Mais, ist hinlänglich bekannt: 80 Prozent des amerikanischen Maises sind gentechnisch verändert; und in den Kornmühlen gibt es auch keine getrennten Stoffströme zwischen gentechnisch unverändertem und gentechnisch verändertem Mais. Das Angebot an gentechnikfreiem Mais dürfte also entsprechend gering – und teuer sein. Insofern verwundert es auch nicht, dass Danone und WWF nur den ACITIVIA-Becher aus gentechnikfreier Mais-PLA herstellen. Man hatte wohl die Wahl: entweder teurer gentechnikfreier PLA-Rohstoff für ein politisch korrektes Vorzeigeprodukt oder preiswertes Genzeugs für ein bisschen Öko ... Doch allein die Tatsache, dass der in Europa verbotene Genmais über den völlig legalen Import von PLA-Rohstoffen aus den USA durch die Hintertür zu uns kommt, ist eine unglaubliche und vor allem unverantwortliche Frechheit.

🗑 KONSUMENTEN-NAVI

Wer PLA-Produkte kauft oder verwendet, unterstützt in den allermeisten Fällen den gentechnischen Massenanbau von sogenannten Energiepflanzen.

Ein weiteres Beispiel für Augenwischerei und schamloses Greenwashing ist der multinationale Konzern Unilever (Knorr, Lipton, Dove, Vaseline, Persil, Rama, Becel, Pfanni, Axe, Rexona, Duschdas, Langnese u.v.m.). Unilever Deutschland gewann Ende 2012 den deutschen Nachhaltigkeitspreis für »Deutschlands nachhaltigste Zukunftsstrategie« und versprach in seinen Nachhaltigkeitsberichten das Grüne vom Himmel. Leider ist der Konzern aber meines Wissens auch einer der größten Abnehmer für nicht zertifiziertes Palmöl aus Asien, und noch frecher: Er entsorgt seine Unmassen von Müll und Verpackungsmaterialien in Deutschland mit einem Unternehmen namens RKD, einem Newcomer der Recycling-Branche, ebenfalls ohne Zertifizierung. Unilever, mit einem Jahresumsatz von geschätzten 45 Milliarden Euro, erspart sich durch diese Mogelei beim Recycling 2,5 bis 3 Millionen Euro jährlich. Ähnlich verfahren wohl leider zahlreiche andere Konzerne wie Dr. Oetker, Rossmann, Müllermilch, Procter &

Gamble. Auf der öffentlichen Bühne gibt man sich also nachhaltig und korrekt, hinter den Kulissen wird gemogelt und gesaut, um noch mehr Profit zu machen. Ein Skandal, weil erstens zertifizierte, sauber arbeitende Recycler wie DSD (Duales System Deutschland) dadurch Millionenverluste machen und mit den Dumpingpreisen nicht mithalten können; und zweitens sauber entsorgende Unternehmen wie dm und Aldi mehr dafür bezahlen müssen als die schummelnde Konkurrenz.

Auch wenn wir unseren Einkauf schließlich in alten Jutetragetaschen, faltbaren Polyesterbeutelchen oder Mehrwegtragebeuteln aus recycelten PET-Flaschen nach Hause tragen – moderner Konsum ohne Plastik ist schier unmöglich geworden (ich möchte jedenfalls nur ungern auf meine Wasch- oder Kaffeemaschine verzichten). Insofern ist die Suche nach umweltverträglichen Verpackungsalternativen ein absolut notwendiger Schritt. Umwelt*freundlich* aber handeln wir nur, wenn wir Verpackungsmüll vermeiden, wo immer es möglich ist.

KONSUMENTEN-NAVI
Die drei Rs ...

Reduce	–	Re-use	–	Recycle
reduzieren	–	wiederverwenden	–	richtig entsorgen

Wegweiser

🗑 *Give your heart a lift!* Wasser in Glasflaschen ist zwar schwerer, aber nehmen wir's doch einfach sportlich. Hier ein Tipp für die perfekte, rückenschonende »Fitnessübung«: Glasflaschen in den Rucksack und auf dem Rücken per Hackenporsche nach Hause transportieren – je mehr Treppenstufen auf dem Weg, desto besser für Beine und Po.

- Oder, liebe Hersteller, wie wär's mit Mehrwegflaschen in handlichen Sixpacks statt in Kästen?

- Das Wasser aus dem Hahn, in eine Glaskaraffe mit Zitronenscheiben und/oder frischer Pfefferminze gefüllt: ein gesunder Genuss, portemonnaie- und umweltschonend.

- Vorbild Lobetaler Bio-Molkerei: Die gemeinnützige GmbH Hoffnungstaler Werkstätten beschäftigt 850 Menschen mit Behinderung in insgesamt neun brandenburgischen Betriebsstätten und hat zusammen mit der Verpackungsberatung C. E. Schweig einen Joghurtbecher entwickelt, der zur Hälfte aus Kreide besteht.

- Vorbild: die Beutelsbacher Fruchtsaftkelterei und ihr Glas-Mehrwegsystem.

- Vorbild: Das Familienunternehmen »Ritter Sport« verwendet für seine Schokoladentafeln keinen Verbundstoff aus mehreren Materialien, sondern Einstoffverpackungen. Das Ergebnis: weniger Roh- und Hilfsstoffe, weniger Primärenergieeinsatz, Packstoff-Einsparung von 1.000 Tonnen/Jahr, gute Recyclingfähigkeit. Auch Milka hat nun neuerdings diese Einstoffverpackung gewählt.

- Vorbild Sodastream: Mit dem Einsatz eines solchen Sprudlers in der heimischen Küche vermeidet eine deutsche Durchschnittsfamilie ca. 2000 Plastikflaschen und Dosen pro Jahr.

- Vorbild Concord, Massachusetts (USA): Als eine der ersten Städte der USA wurde der Verkauf von Einweg-Plastikwasserflaschen Anfang 2013 verboten. Leider bezieht sich dieses Verbot bislang nur auf stilles, nicht aromatisiertes Wasser und auf Flaschen mit maximal ein Liter. Insofern wird die Industrie wohl nicht lange fackeln und in Kürze die »absolut hippe« 1,25-Liter-Plastikflasche auf den Markt bringen ...

- Vorbild Irland: Keine kostenlosen Plastiktüten mehr, sondern eine Abgabe auf *jede* Plastiktüte. Nachdem sich die Verbraucher an 15 Cent gewöhnt hatten und wieder vermehrt zur Plastiktüte griffen, wurde die Abgabe zunächst auf 22, dann auf 44 Cent erhöht. Das Ergebnis: Der Plastiktütenverbrauch sank innerhalb von zehn Jahren von 328 Tüten je Kopf auf acht Tüten je Kopf. Wichtig für den Erfolg dieser Kampagne war, dass die Bevölkerung jährlich darüber informiert wurde, um wie viel Prozent der Verbrauch an Plastiktüten zurückgegangen ist. So etwas motiviert und stachelt den Ehrgeiz an!

- Entgegen der immer wieder verbreiteten Meinung und Falschmeldung, dass sämtlicher Müll am Ende doch auf ein und derselben Halde landet: Erfolgreiche bzw. zertifizierte Recycling-Unternehmen wie DSD (Duales System Deutschland), besser bekannt als »Grüner Punkt«, verdienen ihr Geld damit, jeden Fitzel Müll wiederzuverwerten, egal ob Glas, Papier, Aluminium, Plastik etc. Sie verdienen also jegliche Unterstützung, ebenso von Firmen wie von uns Endverbrauchern.

- Für einen DVD-Abend oder Leseabend auf der Couch:
  a) Werner Bootes Film »Plastic Planet«; auch in plastikfreier Hülle erhältlich (komischerweise nur in limitierter Auflage).
  b) Dieser Film hat eine österreichische Familie dazu animiert, ihren Haushalt und Alltag (fast) plastikfrei zu gestalten. Ein nicht nur nachahmens-, sondern auch lesenswertes Experiment: »Plastikfreie Zone« (Heyne, 2012).
  c) »Plastic Oceans«: Diese BBC-Dokumentation erscheint 2014.
  d) Die »Plastiki«-Expedition von David de Rothschild, via You Tube.

2 Rien ne va plus: Das falsche Spiel der Banken

»Ein Bankier ist ein Mensch, der seinen Schirm verleiht,
wenn die Sonne scheint, und ihn sofort zurückhaben will,
wenn es zu regnen beginnt.«
Mark Twain

Der schlechte Ruf von Banken und Bankern ist offenbar keine neue Erscheinung. Trotzdem wird uns von Kindesbeinen an erzählt, dass unser Geld bei ihnen besser angelegt ist als im Strumpf, im Sparschwein oder unter der heimischen Matratze. Ist dem wirklich so? Jedenfalls scheinen die sogenannten Geldinstitute seit Mark Twains Lebzeiten wenig Interesse daran gehabt zu haben, ihren Ruf zu verbessern. Wie sonst erklären sich die 2008 von Banken verursachte Finanzkrise und sämtliche Skandale, mit denen die Branche seither immer wieder für Schlagzeilen sorgt: Der Kauf der Hypo Alpe Adria durch die Bayerische Landesbank, Herr Nonnenmacher und seine HSH Nordbank, die Hypo Real Estate, die mit 130 Milliarden Euro (!) gerettet werden musste, Libor und Zinsmanipulationen, Steuerbetrug und -hinterziehung bei der Deutschen Bank, Leerverkäufe, Spekulation mit Grundnahrungsmitteln, Geldwäsche bei HSBC und, und, und – deutsche wie internationale Beispiele gäbe es noch so manche.

Dass wir für Spareinlagen weit weniger als ein Prozent Zinsen bekommen, für den Dispo-Kredit aber zweistellige Zinsen bezahlen, ist ärgerlich genug. Dass wir Steuerzahler seinerzeit für die Geburtstagsparty von Deutsche-Bank-Chef Josef

Ackermann bleichen durften, ebenfalls. Und dass uns ständig eingebläut wird, uns gefälligst selbst um die Altersvorsorge zu kümmern, ist dank des drohenden Rentenlochs und der Überalterung unserer Gesellschaft zwar sinnvoll und verständlich, aber in Anbetracht der Geschäftspraktiken unserer Geldhäuser ziemlich riskant. Wie und wo sollen wir denn bitte schön vorsorgen, wenn die meisten Anlageprodukte nur dazu da sind, den Profit der Banken und die Boni der Bank(st)er sicherzustellen oder gar zu steigern? Politikern wie Gesetzgebern jedenfalls scheinen Willen oder Mittel zu fehlen, die Banken endlich zu regulieren und eine echte Bankenreform durch zu ziehen ...

Kunde (K) hat 400.000 Euro auf seinem Sparbuch. Berater (B) hat K im Visier – und zu einem ganz unverbindlichen Gespräch in sein Büro eingeladen, »man hat sich ja schon viel zu lange nicht mehr gesehen« ... Nespresso-Kaffee, Schoko-Cookies, ein gediegenes Ambiente, entspannter Smalltalk über Wetter, Weib und WM. Irgendwann sagt B ganz beiläufig zu K:
B: Ihnen ist wichtig, jederzeit an eine bestimmte Summe Ihres Geldes zu kommen?
K: (nickt)
B: Wie viel sollte es sein?
K: Ungefähr 50.000 Euro!?
B: Nehmen Sie doch 100.000 ... Und der Rest könnte langfristig und sicher angelegt werden.
K: (nickt und nimmt sich noch ein Cookie)
B: Und wenn Sie es jederzeit problemlos auf Ihre Kinder übertragen können, dann wäre das in Ordnung für Sie?
K: (kaut, nickt, räuspert sich)
B: ... und wenn Sie garantiert von guten Unternehmen acht Prozent bekämen? Wäre das auch okay für Sie?

K: *(leuchtende Augen)*

B: Wollen Sie wirklich darauf verzichten, weil Sie langfristig 400.000 Euro auf dem Sparbuch haben? Und ist es Ihnen wichtig, dass es nichts mit Börse und Aktienkursen zu tun hat?

K: *(nickt)*

B: Denn Sie sind ja jetzt siebzig und wollen bestimmt nicht mehr spekulieren, oder?

K: *(schüttelt den Kopf)*

B: Chinas Märkte boomen. Die wollen und müssen viel im- und exportieren. Riesige Warenflüsse. Wissen Sie, wie viel in einem Flugzeug transportiert werden kann?

K: Ganz schön viel ...

B: Aber wissen Sie auch, wie viel auf ein Containerschiff passt? 180 Flugzeugladungen. Mit einem Schiff. Und da könnte ich Ihnen jetzt helfen, daran zu partizipieren. Acht Prozent jährlich. Über 15 Jahre. Denn die Schiffe müssen ja immer fahren. Ist das interessant für Sie?

K: Ja.

B: *(leuchtende Augen angesichts der 15 Prozent Provision)* Noch einen Espresso, lieber K?

Schließlich schiebt B den Vertrag inklusive Verkaufsprospekt über den Tisch mit den Worten: »Hier, das sind Ihre acht Prozent Ausschüttung. Hinten steht noch mal alles, was wir schon geklärt haben. Ich sag' immer ›von Anwälten für Anwälte‹ ... Aber wenn Sie nicht schlafen können, lesen Sie sich ruhig alles durch. Ihr Geld ist jetzt jedenfalls ganz sicher angelegt. Und die Börsenkurse brauchen Sie überhaupt nicht mehr zu interessieren.«

Und K denkt: ›Och, der ist ja so nett und so seriös. Typisch Postbank. Keiner dieser Provisionshaie ...‹

Ungefähr so könnte ein Gespräch gelaufen sein.

Doch was K nicht weiß: B ist selbstständiger Finanzvermittler, der sich die Provision mit der Postbank teilt. Hintergrund: Die Postbank ist ein Tochterunternehmen der Deutschen Bank. Und die freien Vertriebler der Deutschen Bank (»mobiler Vertrieb«) umwarben die Postbank eines Tages, um an deren Privatkunden mit den hohen Sparbucheinlagen zu kommen. Daraufhin gründete die Postbank nur allzu gerne ihrerseits eine Vermögensberatung mit selbstständigen Handelsvertretern, um sie über eben diese Kunden »rüberzulassen«.

Freudig erregt unterschreibt K den Vertrag. In diesem Moment ist er Mitreeder – mit allen Chancen und Risiken. Und die Postbank bzw. ihr Handelsvertreter mit einem Beratungsgespräch, zwei Nespresso-Kapseln und ein paar billigen Plätzchen um eine Provision von 45.000 Euro reicher.

Jahrelang wurden potenzielle Anleger von der Bank ihres Vertrauens in Bussen zu den Werften gekarrt. »Hier wird gerade *Ihr* Schiff gebaut ... Sehen Sie, das ist es!« Eine persönliche Führung über die Werft, Canapees und Getränke, ein Vortrag, noch mehr Essen und noch mehr Getränke. »Das machen wir natürlich nur für unsere allerbesten Kunden. Diese Chance bekommt nicht jeder.« Und am Ende eines solchen Abends werden dreißig bis vierzig Verträge unterschrieben – und der frisch gebackene kleine Onassis fährt nach Hause in dem Glauben, ab jetzt an den sprudelnden Gewinnen beteiligt zu sein. Von Klippen oder gar Eisbergen keine Spur. »Das Risiko von Anlageprodukten«, so ein Berater der Commerzbank[7], »wird heruntergespielt. Sonst macht der Kunde gar nichts mehr« ... bis es dann eines Tages kräftig rumst: Die weitverbreitete und von den Banken forcierte Gier nach Schiffsanleihen hat zu einem Überangebot an Containerschiffen geführt, die Chartergebühren sinken, die Schiffe sind nicht ausgelastet oder liegen tagelang leer im Hafen. So versiegen die erhofften Gewinne, bis sie schließlich ganz ausbleiben und das investierte Kapital langsam aufgezehrt wird. Und irgendwann ist es futsch. Unternehmerisches Risiko. Oder das Ergebnis einer Falschberatung? Bei einem vermeintlich freien Finanzberater, der im Beirat von 130 Schiffsfonds sitzt und je Fonds 4.000 Euro jährlich an Aufwandsentschädigung kassiert, dürfte die Antwort nicht schwerfallen ... Aber auch bei unzähligen anderen »geschlossenen Beteiligungen« wie Immobilien- und Medienfonds mussten viele Anleger Lehrgeld bezahlen. Denn ist der Vertrag erst mal unterschrieben, ist die investierte Summe für zehn bis zwanzig Jahre regelrecht eingesperrt und der Anleger Unternehmer. Mit allen Chancen, aber auch allen Risiken, sei es, dass das Großprojekt in finanzielle Schieflage gerät – dann muss der Fondsbeteiligte Geld nachschießen –, oder eben komplett den Bach runtergeht. Totalverlust. Nach der Wende wurden viele Einkaufscenter in den neuen Ländern über geschlossene Fonds als GbR (Gesellschaft bürgerlichen Rechts) finanziert. Das heißt, der Anleger haftet mit allem, was er hat. Würde ein Bank- oder freier Finanzdienstberater diese Einzelheiten schonungslos offen auf den Tisch legen, zögen wohl die meisten Bankkunden erschreckt ihr Portemonnaie zurück. Also erzählt man lieber etwas von modernsten Einkaufscentern in exzellenter Lage und von Super-Renditechancen während der zehnjährigen Laufzeit. Und wenn die üppigen Ausschüttungen schließlich doch eher mager ausfallen? Kein Problem: Die gewiefte Fondsgeschäftsführung, die sich über die Fondsgebühren längst die Taschen gefüllt hat, stellt sich auf der nächsten Gesellschafterversammlung wieder selbstbewusst lächelnd vorne hin und spricht eloquent von rosigen Aussichten. Tosender Applaus – und alle Anleger gehen beruhigt nach Haus. »Die werden sich schon kümmern.« Und niemand muss sich eingestehen, wohl doch ziemlich blauäugig gewesen zu sein ...

KONSUMENTEN-NAVI
Je höher das Renditeversprechen, desto höher das Verlustrisiko.

Klar ist: Wenn ein provisionsorientierter Finanzberater und ein profitorientierter Kunde zusammensitzen, ist der Finanzberater letztlich nur Wunscherfüller für den Kunden – und hat leichtes Spiel. »Gutgläubigkeit, Gier und gefährliches Halbwissen gehen eine Allianz ein, die es den Bankberatern allzu einfach macht«, sagt Jan-Henning Ahrens, Fachanwalt für Bank- und Kapitalmarktrecht.[8] Heikel und bösartig wird es in dem Moment, wo jeder Kunde in den Augen der Bank zur Kuh mutiert, die man für dumm verkaufen kann und melken muss.

Ein kleines Beispiel aus dem Nähkästchen: Als bekennender Kino-Fan, insbesondere angelsächsischer Produktionen, wurde mir vor einigen Jahren von meiner Hausbank ein Filmfonds angeboten, über den ich mich angeblich direkt an Hollywood-Filmen mit Nicolas Cage, Julia Roberts und anderen »very important persons« beteiligen konnte. Das Produkt nannte sich denn auch VIP-Medienfonds und garantierte laut Bankberater nicht nur die Finanzierung ambitionierter Filmprojekte, sondern auch schöne Renditen. Politisch korrekt, sozialdemokratisch betroffen und »angegrünt«, wie man gerne ist, dachte ich: ›Besser als Aktien von Chemie-, Pharma-, Öl-, Auto- oder gar Rüstungskonzernen, da stecke ich mein Geld doch lieber in tolle Filme.‹ Pustekuchen. Finanziert wurden hauptsächlich minderwertigste C-Pictures, miserable Action- und Horrorfilmchen – und von Rendite keine Spur. Im Gegenteil, ich erhielt Post vom Finanzamt, das diese Anlageform als ungesetzlich deklarierte und fette Nachzahlungen einforderte. Ich also zum Anwalt und erstmal eine Klage eingereicht ... zum Glück erfolgreich.

KONSUMENTEN-NAVI
Bei Falschberatung zu klagen lohnt sich! Die deutschen Gerichte gehen mittlerweile sehr viel strenger mit Banken um, als dies noch vor zehn Jahren der Fall war. Und es gibt etliche Anwaltskanzleien, die sich auf Anlagebetrug spezialisiert haben.

Ein kleines Beispiel aus meinem Bekanntenkreis: TV-Managerin der obersten Liga, alleinerziehende Mutter mit entsprechend wenig Zeit und rammelvollem Terminkalender, legt ihr Geld, weil es sicher und unkompliziert erscheint, in diversen klassischen Fonds an, Marke Templeton, Fidelity & Co. Nach zehn Jahren guckt sie im Zuge des alljährlichen Vergnügens der Einkommensteuererklärung aus Neugier auf den Kontostand ihrer Fonds-Anlagen und stellt erstaunt fest, dass sie ihr Geld genauso gut unter der Matratze ihres Bettes hätte bunkern können. Rendite oder Zuwachs zwecks Vorsorge für sich und die Kinder? Nichts als heiße Luft. Ein klassisches Verlustgeschäft. Sicher, unkompliziert und prächtig haben nur ihre Bank und die Fondsmanager verdient.

> **KONSUMENTEN-NAVI**
> Wem es keinen Spaß macht, zu zocken oder zu spekulieren, sondern tatsächlich um Sicherheit und Vorsorge geht, der sollte ...
> - sich lieber mit bescheidenen, aber fest garantierten Renditen zufriedengeben
> - in Sachwerte investieren
> - regelmäßig seine Geldanlage überprüfen
>   (Wertentwicklung und Kosten in Relation zum Ertrag)
> - immer wieder die eigene Risikobereitschaft hinterfragen.

Bis die Abgründe des Neuen Markts spürbar wurden, also bis Ende der 1990er Jahre genoss der sogenannte Bankbeamte einen Leumund als seriöser, konservativer Kerl in Anzug und Krawatte. Und auch danach hielt sich die Skepsis der Öffentlichkeit noch in Grenzen. Das bisherige, fast blinde Vertrauen war zwar leicht angeknackst, konnte der positiven Einstellung des Einzelnen gegenüber Hausbank und persönlichem Berater, »den man schon sein Leben lang kennt und dem man schon immer vertraut hat«, nichts anhaben. Gleichzeitig aber wachsen bei den international agierenden Finanzdienstleistern, Banken und Kreditinstituten Skrupellosigkeit, Gier und Erfolgsdruck. Immer neue, immer komplexere Finanzprodukte werden von höchst spezialisierten Tüftlern kreiert. Zertifikate an Menschen verkauft, die bis dato nur ein Sparbuch hatten. Rating-Agenturen entwickeln Produkte, die von den Banken an den Mann gebracht werden müssen, um als Gegenleistung positiv bewertet zu werden. Ethische Grundsätze werden sportlich über Bord geworfen. Anleihen, kapitalbildende Lebensversicherung, Aktien, Optionen, Investmentfonds, Derivate, Zinsswaps ... Der Bankberater mutiert seinerseits zum Verkäufer mit einem bunten Allerlei in seinem Bauchladen, von dem er selbst nur noch einen Bruchteil versteht. Ein Zinsswap zum Beispiel ist ein synthetisches Produkt, das auf höchst komplizierten mathematischen Formeln wie

$$\prod_{i=1}^{n}(1 + d_i/360 * r_i) = 1 + r\sum_{i=1}^{n} d_i/360$$

basiert. Ob nun Versicherung, Zertifikat oder neues Anlageprodukt, der Bankberater muss alles verkaufen – aber längst nicht alles verstehen. Als müsste ein Zahnarzt eine Herz-OP durchführen oder ein Sebastian Vettel die Tour de France gewinnen. Und wie, bitte schön, sollen nun diese zwei Ahnungslosen, die da am Bankschalter aufeinandertreffen, das tatsächliche Risiko eines Bankprodukts definieren? Da helfen auch die von Verbraucherschutzministerin Aigner zum Schutz der Bankkunden entwickelten Beratungsprotokolle herzlich wenig. Im Gegenteil. Der Berater notiert hier zwar, warum er dem Kunden dieses oder jenes Produkt verkauft, lässt aber weg, warum er dem Kunden ein anderes, möglicherweise passenderes Produkt *nicht* verkauft. Diese Protokolle suggerieren dem Kunden, die Politik würde sich um ihn kümmern und es gäbe mehr Transparenz. Das Einzige aber, was die Beratungsprotokolle tatsächlich schaffen, sind unnötige Papierberge sowie die perfekte Absicherung der Bank im Prozessfall. Und so hat der Kunde nach einem Gespräch bei Kaffee und Keksen schließlich trotzdem ein Produkt mehr und der Berater seine Provision.

KONSUMENTEN-NAVI

Finanzprodukte sind Wetten. Und wie bei Roulette oder Blackjack ist die Wahrscheinlichkeit, dass die Bank gewinnt, immer deutlich höher.

Unwissenheit und Gewinnstreben gibt es bekanntlich auf beiden Seiten des Bankschalters. Was jedoch bei vielen Bankberatern, vor allem im Privatkundengeschäft, hinzukommt, ist ein immenser Leistungs- und Erfolgsdruck. Wenn auch mit gewissen Unterschieden: Was zum Beispiel eine mittelgroße Sparkassen-Filiale mit zwölf Mitarbeitern leisten muss, müssen bei der Deutschen Bank zwei, maximal drei Mitarbeiter leisten, die nicht selten gerade erst ausgelernt haben. »Ich kenne nicht nur *einen* Kundenberater im Filialgeschäft der Deutschen Bank«, so ein ehemaliger Berater der Deutschen Bank, »der am Sonntagabend mit zitternden Händen vorm ›Tatort‹ sitzt, weil er weiß, dass er am nächsten Morgen wieder die Ampel auf seinem PC sieht«.[9] Die Ampel (GRÜN-GELB-ORANGE-ROT), das sogenannte Mitarbeitermotivationsprogramm MAP, leuchtet auf, sobald der Bankmitarbeiter seinen PC hochgefahren hat:

Persönliche Zielerreichung im Bereich ...

Anlageprodukte	*XY Prozent*
Versicherungen	*YZ Prozent*
Privatkredit/Baufinanzierung	*ZY Prozent*
Konten	*YX Prozent*

Regelmäßig wird der Berater in diesen Bereichen überprüft und bewertet. Darüber hinaus gibt es Tagesgespräche, Wochengespräche und Monatsgespräche. Vielen geht es deshalb nicht mehr darum: Was will der Kunde? Sondern: Wie vermeide ich Stress mit meinem Vorgesetzten? Hinkt jemand seit Monaten in der Zielerreichung hinterher, kann es passieren, dass er beim Jour fixe vor versammelter Mannschaft angezählt wird und sinngemäß zu hören bekommt: »Wie lange meinen Sie eigentlich, dass Ihre Kollegen hier für Sie mitarbeiten sollen? Vielleicht sollten Sie lieber zur Konkurrenz gehen ... Schwächen Sie die, aber nicht uns.« Tut sich danach immer noch nichts auf der »MAP-Ampel«, bekommt der Mitarbeiter einen neuen Kundenbestand. Denn womöglich hat Herr Schlapp inzwischen eine zu persönliche Bindung zu seinen Kunden. Für Skrupel oder Mitgefühl ist in der Finanzindustrie nun mal kein Platz. Unter welchem Druck viele Banker heute stehen, lässt sich auch daran ablesen, dass der Missbrauch von Psychopharmaka in der Branche deutlich zugenommen hat.

KONSUMENTEN-NAVI
Für die eigene Orientierung: Internetplattformen, auf denen sich Kunden über Finanzberatungen austauschen.

Und so funktioniert das Geschäft ...

Der Bankberater ist stets bestens informiert über alle Produkte, die sein Kunde jemals irgendwo gekauft hat. Die Übersicht über die regelmäßigen Abbuchungen macht's möglich. So kann er sich zum Beispiel auf Knopfdruck alle Kunden in seinem Bestand anzeigen lassen, die privatversichert sind – um ihnen dann »rein zufällig« ein auf sie zugeschnittenes neues Produkt anzubieten. Doch laut Datenschutz darf er solche Informationen eigentlich nicht für den Vertrieb nutzen. Noch interessanter wird es allerdings, wenn diese Daten einem freien Versicherungsvertreter oder Anlageberater zur Verfügung gestellt werden. Dieser hat *keinen* Angestellten-, sondern einen Handelsvertretervertrag mit der Bank, sprich, er agiert voll auf Provisionsbasis – tritt aber im Namen der Bank als Versicherungsspezialist auf. Vorteil für die Bank: keine Lohnkosten, 50 Prozent der Provision und den eigenen Kunden an der Hand. Vorteil für Vertreter und Versicherungsgesellschaften: Kundendaten und -kontakte samt seriöser »Visitenkarte« der Bank. So hat beispielsweise eine kleine Regionalbank zurzeit freie Handelsvertreter in ihren Reihen, die jedoch nach außen wie Bankangestellte auftreten – ohne irgendeinen Hinweis auf ihre Selbstständigkeit. Der perfekte Mitarbeiter: Kostet nichts, muss aber viel leisten, um sich über Wasser zu halten. Schließlich hat er laufende Kosten, die alle erst mal gezahlt sein wollen. Und wenn sich dann am 25. des Monats ein Loch auf dem eigenen Konto auftut, ist es verdammt schwierig, dieses nicht mal eben schnell mit einem lukrativen Verkauf an Lieschen Müller zu stopfen. Beispiel aus dem wahren Bankenalltag: Frau M. ist vor Kurzem Witwe geworden. Da sie kein Geld für die Bestattung ihres Mannes hat, wendet sie sich vertrauensvoll an ihre Hausbank und bittet um einen Kredit über 3.500 Euro. Selbstverständlich will man dort einer 78-jährigen Dame gerne helfen – und gewährt ihr den Kredit über 3.500 Euro für die Beerdigungskosten, legt ihr aber gleichzeitig nahe, noch eine Sterbegeldversicherung abzuschließen, damit sie ihren Kindern später nicht selbst zur Last fällt. Falls sie aber vorher noch schwer krank werden sollte, lohnt sich auf alle Fälle eine Seniorenunfallpolice mit Pflegeversicherung und Haushaltshilfe. Macht noch einmal 40 Euro monatlich. »Da wir Ihnen nun aber doch einen recht hohen Kredit gewähren, sollten Sie uns auch zeigen, dass

Sie sparen können. Dafür wäre ein Deka-Fonds mit 1.000 Euro Aktienanlage genau richtig.« Diese Summe wird einfach gleich über den Kredit mitfinanziert. 25 Euro fließen zusätzlich jeden Monat in den Fonds. Und weil Frau M. ein eigenes Haus hat, werden ihr gleich noch zwei Bausparverträge à 40.000 Euro für ein Modernisierungs-/Renovierungsdarlehen verkauft. Die Zuteilung würde pünktlich zu Frau M.s 128. Geburtstag fällig. Das eine Prozentchen Abschlussgebühr für die Bausparverträge (= 800 Euro) kommt ebenfalls auf die Kreditsumme drauf, womit wir bei knapp 5.500 Euro wären. Plus 1.300 Euro Restschuldversicherung. Zuzüglich drei Prozent Abschlussgebühr. Macht 7.000 Euro. Das Doppelte von dem, was Frau M. ursprünglich wollte ... Und was sagt die Bankberaterin dazu? »Eine Win-win-Situation: Sie hat ihren Mann unter der Erde, und ich habe meine Ziele für Provinzial, Bausparen und Deka erreicht.«

So kommt es, dass manch 28-Jähriger bereits 13 Bausparverträge abgeschlossen und wieder gekündigt hat. Denn solange der Kunde einen Privatkredit bei der Bank laufen hat, unterschreibt er fast alles aus Angst, der Kredit könnte ihm gekündigt werden. »Sie müssen uns doch zeigen, dass Sie sparen können.«

Oder die Bank hat ein neues Produkt in ihrem Portfolio. Prompt bereitet der Filialleiter passende »Liquiditätsquellen« [Bankerjargon] vor, zum Beispiel »alte Leute, die man schon lange kennt und die fette Sparbriefe haben«. Festzins: 0,5 Prozent. »Rufen Sie die mal an und verkaufen Sie denen unser neues Baby«, werden die Mitarbeiter aufgefordert. In der Mittagspause: 15 Minuten Schnelllehrgang zum Neuzugang: Wie ruft man an? Was sagt man? Shortfacts werden verteilt: Gebühren, ein, zwei Risikohinweise, aber vor allem die Vorteile.

Doch dieses »Baby« ist immer genau so produziert, dass es nicht funktionieren kann. Zumindest nicht für den Kunden. Beispiel:

Topf mit 25 Aktien. Laufzeit sechs Jahre. Versprochene Rendite von durchschnittlich fünf Prozent, »wenn's mal gaaanz schlecht läuft ein Prozent – aber das kommt so gut wie niiie vor und wäre ja auch immer noch mehr, als Sie jetzt bekommen«. Der Lockvogel im Beratungsgespräch ist natürlich ein ausgewähltes Portfolio, das in den letzten Jahren kontinuierlich besonders gut lief. Bei 25 breit gestreuten Aktien liegt es in der Natur des Bankprodukts, dass sich bestimmte Aktien gegenläufig verhalten: Läuft's in der Konsumgüterbranche zum Beispiel gut, geht's mit der Chemie bergab und umgekehrt ... Wunderlicherweise sind eben diese 25 Aktien so verteilt, dass immer mindestens ein solches Pärchen vorhanden ist. Fazit: Die Bank zahlt sechs Jahre lang ein Prozent auf das Geld, das die »Liquiditätsquellen« in den Topf eingezahlt haben. Ein Billigkredit für die Bank, die zudem sämtliche Dividenden der im Topf befindlichen Aktien kassiert, und zwar deutlich mehr als das eine Prozent Verzinsung für den Kunden. Der Deal lautet: Wenn nur *eine* Aktie die Benchmark von zum Beispiel 20 Prozent Verlust reißt, gilt die Mindestverzinsung von einem Prozent – und die gesamten Gewinne der 24 anderen Aktien gehören der Bank.

Warum Kunden sich auf so etwas einlassen? Weil sie ihrem Bankberater glauben (möchten) und auf edle, teuer gedruckte Hochglanzbroschüren hereinfallen. Der freundliche Berater hat schließlich schon das Sparbuch für die Kinder eröffnet. Ein Mitarbeiter einer renommierten Bank: »Im Filialgeschäft werden häufig Gründe konstruiert, weshalb ein Kunde X ein zusätzliches Produkt kaufen oder etwas in seinem Depot ändern sollte. Und ich bin davon überzeugt, dass unsere Kunden häufig die für sie falschen Produkte im Depot haben.«

Aber nicht nur der Kauf neuer Produkte bringt der Bank bares Geld, sondern auch jede Transaktion. Eine Möglichkeit für den

Kunden, sich vor bewusster Falschberatung und fiesen Kostenfallen zu schützen, ist das Gebührenmodell All-in-Fee (im Gegensatz zum Transaktionsmodell); denn damit sind alle Depotkosten abgedeckt.

KONSUMENTEN-NAVI

Bankprodukte kosten nicht nur den ausgewiesenen Ausgabeaufschlag (Agio) oder Transaktionskosten, sondern auch

- Depotbankgebühren
- Verwaltungsgebühren
- Performancegebühren

Tipp: Fragen Sie detailliert nach den »weichen« Kosten; lassen Sie sich immer die Netto-Rendite der geplanten Geldanlage berechnen!

All-in-Fee-Modell: jährlich ca. 1,5 Prozent (brutto) vom Anlagevermögen. Vorteil I: Sämtliche Kosten (inklusive Ausgabeaufschlag für Fondsanlagen!) im Zusammenhang mit der Vermögens-/Depotverwaltung sind abgedeckt.
Vorteil II: Der Anleger kann 50 Prozent der All-in-Fee steuerlich geltend machen.

Wichtig: Banken sind gesetzlich dazu verpflichtet, den Kunden über Bestandsprovisionen und Kick-backs (verdeckte Provisionen an die Bank) zu informieren. Auf Antrag kann der Kunde die Auszahlung der Kick-backs verlangen, dies wird aber in der Regel vertraglich ausgeschlossen.

Nicht vergessen: Kommt der Berater seiner Beratungsleistung nicht nach, sitzen Sie am längeren Hebel; denn Sie können Ihr Depot ja jederzeit abziehen.

Seit zwei, drei Jahren rücken Kundenzufriedenheit, Menschlichkeit und Vertrauen wieder ins Marketing-Blickfeld der Finanzindustrie. Statt mit Zahlen und materiellen Werten wirbt sie nun verstärkt mit Emotionen: »Unterm Strich zähl ich«, »Die Bank, die Ihre Sprache spricht«, »Versichern heißt verstehen«, »Du kaufst keinen Bausparvertrag, sondern den wichtigsten Ort der Welt« ... Das hängt aber bestimmt nicht mit einem schlechten Gewissen angesichts des extremen Vertrauensverlusts zusammen, den die Branche infolge der Lehman-Pleite zu spüren bekommen hat.

> *»Banken sind gefährlicher als stehende Armeen.«*
> Thomas Jefferson (1743–1826),
> US-amerikanischer Präsident (1801–1809)

EXKURS:

Mandy hat in Kreuzberg eine leider nicht sehr erfolgreiche Kneipe, den »Blauen Papagei«. Ihre Kundschaft besteht hauptsächlich aus alkoholkranken Hartz-IV-Empfängern. Eines Tages beschließt Mandy, allen Stammkunden einen »Deckel« zu gewähren, mit anderen Worten: Kredit. Der Umsatz steigt. Mandy erhöht die Bier- und Schnapspreise. Dank des Deckels kein Problem. Der Umsatz steigt weiter. Der Kundenberater ihrer Bank bemerkt, dass der »Blaue Papagei« interessante Zahlen schreibt. Er bietet Mandy eine extrem großzügige Kreditlinie an. Durch die Schulden der Trinker ist der Kredit mehr als gedeckt. Zur Refinanzierung – eine Bank muss ihr Geld ja auch irgendwo herkriegen – verwandeln die Investmentbanker des Geldinstitutes die Schulden auf den Bierdeckeln in sogenannte Schuldverschreibungen.

Sie heißen »Alkbond«, »Suffbond« und »Kotzbond«, unter der Sammelbezeichnung »SPA Super prima Anleihen« kommen sie auf den Geldmarkt. Vorher werden sie, damit alles seriös ist, bei einer philippinischen Online-Versicherung gegen Verlust versichert, das geht per E-Mail. Rating-Agenturen geben SPA die Bewertung »AAA +++«. Worauf genau diese Wertpapiere beruhen, weiß bald keiner mehr, aber die Kurse steigen. SPA ist ein

Hit, internationale Investoren steigen ein. Vorstände und Investmentspezialisten der Bank genehmigen sich Boni in Millionenhöhe.

Eines Tages kommt ein Risk Manager der Bank auf die Idee, dass man langsam mal die ältesten Deckel von Mandys Kundschaft abkassieren könnte, auf Bankdeutsch heißt das »fällig stellen«. Die Schulden der Trinker betragen mittlerweile ein Vielfaches ihrer Jahreseinkommen. Es kommt nicht zu nennenswerten Tilgungen. Alle sehen jetzt sehr erschrocken aus. E-Mails an die Versicherung werden nicht beantwortet.

»Suffbond«, »Alkbond« und »Kotzbond« verlieren 98 Prozent ihres Wertes. Der »Blaue Papagei« geht in die Insolvenz. Mandys Lieferanten hatten sich zum Teil, und gerne, mit den im Kurs ständig steigenden SPA-Anleihen bezahlen lassen. Der Wein- und der Schnapslieferant gehen ebenfalls in Konkurs. Wegen der besonderen Bedeutung der Bierindustrie wird der Bierlieferant vom Staat teilweise entschuldet und von einer belgischen Investorengruppe übernommen. Die Bank wird vom Staat mit Hilfe von Steuergeldern gerettet. Der Bankvorstand verzichtet für das laufende Geschäftsjahr auf seinen Bonus. Der Risk Manager wird entlassen.[10]

Diesen im Internet kursierenden Text verwendet Harald Martenstein zur Beschreibung der Finanzkrise.

Es geht den Banken also darum, dem Zeitgeist zu entsprechen, und so versucht man jetzt, mit Authentizität und Glaubwürdigkeit zu punkten. Es geht aber auch darum, die teils horrenden Kosten der jeweiligen Bank in den Griff zu bekommen; denn je mehr Kunden, desto günstiger verteilen sich die Kosten für IT-Anlage, Papier etc. Und mit (vermeintlicher) Kundenzufriedenheit und Menschlichkeit lässt sich nun mal trefflich um neues Vertrauen, sprich neue Kunden werben. So zaubern die Banken alle Nase lang flotte Testsiege hervor: »Deutschlands beliebteste Bank« (weil sie die angenehmsten Stimmen im Callcenter sitzen hat?); »Beste Bank« (weil man dort den leckersten Espresso serviert bekommt?); »Fairste Bank« (weil sie nicht mit Grundnahrungsmitteln spekuliert?) ... Die Kriterien solcher Tests spielen bei dieser Werbestrategie jedenfalls keine Rolle. Hauptsache Sieger. Doch wie sieht es bei all diesen Siegern intern aus mit »Kulturwandel« und »Systemrevolution«?

Nach Ackermanns Victory-Zeichen und dessen Abgang wirbt die Deutsche Bank neuerdings mit Bescheidenheit und einem angeblich ganz neuen Führungsstil. Interessant nur, wie sich diese Bescheidenheit Ende 2012 äußerte: Das große »Klassentreffen« der Deutsch-Banker fand im Berliner Nobel-Hotel Adlon statt. Allerdings nicht in irgendeinem Konferenzsaal, sondern gleich im gesamten Hotel inklusive aller Zimmer und Suiten. Und wer hat diese sündhaft teure Party bezahlt? Der Kunde natürlich, der nun immerhin weiß, warum die Renditen seiner Ersparnisse so bescheiden ausfallen. Und als zynisches Sahnehäubchen wird en passant vermeldet, die beiden neuen Chefs der Bank würden Tausende von Mitarbeitern entlassen, um das größte deutsche Geldinstitut wieder profitabler zu machen.

Hingegen bemüht sich die inzwischen teilverstaatlichte Commerzbank zumindest redlich: Immerhin ist Kundenzufriedenheit neben Ertrag und Kundenvermögen seit Kurzem ein weiterer Maßstab, nach dem die hauseigenen Berater beurteilt werden. »Stimmt allerdings die ökonomische Seite in der Abteilung nicht«, so ein Commerzbank-Berater, »spielt auch der Umstand, dass ich total zufriedene Kunden habe, kaum eine Rolle mehr. ›Was? Ihre Kunden sind zufrieden? Na, dann sind Sie wohl nicht aktiv genug am Ball!?‹« Entscheidend ist und bleibt der ökonomische Faktor: Ein normaler Bankberater hat die Auflage, zwanzig Kundentermine in der Woche zu absolvieren. Das sind vier am Tag. Wo soll er da die Zeit für individuelle Vorbereitung hernehmen? Und wenn er zudem just an jenem Morgen zu hören bekommen hat: »Für die ›Oktoberfest-Anleihe‹ dürft ihr euch übrigens die doppelte Provision aufschreiben«, dann passt

49

eben gerade dieses Produkt ideal zu den nächsten fünf Kunden ...
Jeder Finanzcheck, jede Vermögensplanung, die man dem Kunden angedeihen lässt, ist im Zweifelsfall darauf ausgerichtet, dem Kunden hauseigene Produkte zu verkaufen – zumal der Bankberater bei hauseigenen Produkten nicht über Innenprovisionen zu sprechen braucht. Bei der Sparkasse läuft es klassischerweise so: »Das Jahr hat zwölf Monate. Wir haben acht Kampagnen. Macht gut sechs Wochen pro Kampagne.« Deka, Provinzialversicherung, Bausparwochen ... Jedes Mal wird die gesamte Schalterhalle entsprechend ausgeflaggt, und beliebte deutsche Promis aus Film und Fernsehen strahlen von Werbeplakaten. Der Kunde, der seinen Berater in den Deka-Wochen aufsucht, ist natürlich zufällig der typische Deka-Kunde ...

KONSUMENTEN-NAVI
Der Bankberater darf und kann nur beraten, wenn er bestimmte Informationen über den Kunden vorliegen hat. Basis hierfür ist das Wertpapierhandelsgesetz und die Finanzmarktrichtlinie MiFID[11].
Diese Informationen muss er im Gespräch erfragen ebenso wie den persönlichen Risikobegriff, denn für jeden Kunden bedeutet Risiko etwas anderes. Dazu gehört auch, maximale Verlustbeträge zu definieren. Hier ist der Berater also auf die Offenheit des Kunden angewiesen und darauf, dass der Kunde eine gewisse Vorstellung hat von dem, was er will und was er nicht will.

Wegweiser

- Wer sichergehen will, dass mit seinem Geld keine dreckigen Geschäfte mit Nahrungsmittelspekulationen, Gen-Manipulation à la Monsanto, Bayer und BASF sowie Waffen- und Rüstungsdeals, Öl-, Gas- und Atomanlagen betrieben werden, der sollte zu den immer zahl- und erfolgreicheren alternativen Banken wechseln: Triodos-Bank, GLS Bank, Umweltbank, EthikBank etc.

- Sogenannte Honorarberatungen, wie sie bei Juristen und Psychologen üblich sind, bieten dem Kunden in allen Finanz- und Vermögensfragen die Sicherheit, dass der Berater *unabhängig* agiert, da er auf Honorar- und eben nicht auf Provisionsbasis (Vergütung durch Dritte) arbeitet.

- Social Trading: »Wir wollen Hilfe zur Entscheidung geben«, sagen die Gründer der Plattform »Moneymeets« (www.moneymeets.com), welche Anlegern Transparenz über Vergütungen bei Banken verspricht sowie den Austausch über Finanzthemen ermöglichen soll.[12]

- Wer sich schlaumachen will in Sachen Geldanlagen, sollte sich die aktualisierte Broschüre »Basisinformationen über Wertpapiere und weitere Kapitalanlagen« besorgen (ISBN 978-3-86556-150-3; zu bestellen z. B. über www.bank-verlag-shop.de; Preis: 7,76 € inkl. Versandkosten).

3 Volksdroge Glotze: Die mediale Massentäuschung

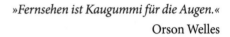

»Fernsehen ist Kaugummi für die Augen.«
Orson Welles

»Fernsehen macht Kluge klüger und Dumme dümmer.«
Marcel Reich-Ranicki [21]

Der Durchschnittsdeutsche verbringt täglich knapp vier Stunden mit Fernsehen. Wenn man Fernsehen als Hobby bezeichnen möchte, ist es wohl die mit Abstand populärste Freizeitbeschäftigung im Land. Ein derart hoher TV-Konsum erhöht einer umfassenden Studie der Harvard School of Public Health zufolge jedoch immens die Gefahr, an Herz-Kreislauf-Störungen und Diabetes (Typ II) zu erkranken. Andere Studien belegen unter anderem ein größeres Alzheimer-Risiko; Kinder, die exzessiv dem Fernsehprogramm frönen, neigen im Erwachsenenalter zu aggressivem, unsozialem Verhalten[13]; und bei jungen Männern, die wöchentlich mehr als 20 Stunden vor der Glotze hängen, wurde eine deutlich verringerte Spermienkonzentration festgestellt ... Warum tun wir uns das an? Es muss wohl mit der Attraktivität des Programms zu tun haben. Hier ein Beispiel, wahllos aus dem reichhaltigen Angebot deutscher Sender gegriffen, ein ganz normaler Fernsehdienstag auf Sat.1[14]:

10.00 Patchwork Family
Dokusoap

11.00 Richterin Barbara Salesch
Gerichtsshow

12.00 Richter Alexander Hold
Gerichtsshow

13.00 Britt
Daily Talk
Sexy Mama – heute zeige ich mich halbnackt!

14.00 Kallwass greift ein!
Psychologische Beratung

15.00 Familien-Fälle
Dokusoap

16.00 Familien-Fälle
Dokusoap

17.00 Hilfe – Ich bin pleite! Letzte Rettung Pfandleiher
Reality-Show

17.30 Schicksale – und plötzlich ist alles anders
Dokusoap
Hilfe, meine Tochter liebt einen Türken

18.00 Patchwork Family
Dokusoap

19.00 K 11 – Kommissare im Einsatz
Ermittlersoap

Tagsüber sind die sogenannten Dokusoaps eindeutig das Format Nr. 1, nicht nur bei Sat.1. Auch die anderen großen privaten Fernsehsender wie RTL, VOX und RTL II warten kräftig auf mit »Realitätsunterhaltung«, einer Mutation der guten alten Fernsehdokumentation. Exotische Länder, drollige Tierarten oder historische Ereignisse, das sind die Themen, denen sich die Macher von Dokumentarfilmen üblicherweise widmen. Inzwischen haben die Fernsehmacher aber auch den »Alltag« als zugkräftiges und zudem höchst preiswertes Sujet entdeckt. Das Schlüsselloch-Fernsehen, das dem Zuschauer den Eindruck vermittelt, »ganz nah dran« zu sein und dem »echten Leben« zugucken zu dürfen: der streitenden Familie, dem flirtenden Bauern, der dicken Dora auf Diät, dem fiesen Nachbarn ... Gerichts- und Personal-Help-Shows mit Super Nannys und Money Doctors, Daily Talks, Dokusoaps und Dating-Formate schossen plötzlich wie Pilze aus dem Boden und in die privaten Fernsehprogramme. »Wir leisten hier Lebenshilfe für den Zuschauer«, sagte mir stolz ein Manager der UFA-Gruppe. Bei VOX zum Beispiel nimmt die Realitätsunterhaltung bereits 45 Prozent der gesamten redaktionellen Sendezeit ein.[15] Die Uridee der TV-Dokumentation – Fernsehmensch geht zur Realität und bildet diese zuschauergerecht ab – wird von den Reality-Formaten neu ausgelegt: Das Fernsehen arrangiert eine Realität, die es dokumentiert. Ein hässliches Haus oder Mädchen, das schön gemacht wird. Ein Ehestreit, der erst geschürt und dann geschlichtet wird. Ein Teenager, der von Ersatzeltern erzogen wird. Typische Protagonisten in dieser als Realität verkauften Scheinwelt: der Versager und der Sieger. Hauptsache vereinfacht. Die wahre Welt ist ja schon komplex und kompliziert genug. Mittlerweile haben die Dokusoaps aber noch einen weiteren Ableger: die Scripted-Reality-Formate. Das Einzige, was hier noch Realität ist, ist die erklärte Absicht, die erfundenen Geschichten möglichst authentisch zu erzählen. Hinter dieser Entwicklung zum vollge-

scripteten Format steht, wie sollte es anderes sein, der schnöde
Mammon; denn je mehr Drehbuch, desto mehr Sicherheit und
Kostenkontrolle bei der Produktion.

KONSUMENTEN-NAVI
Eine Übersicht über aktuell produzierte Scripted-Reality-
Formate finden Sie bei Wikipedia unter »Liste deutscher Scripted-Re-
ality-Sendungen«.

Aktuelles Beispiel: die RTL II-Billigproduktion »Berlin – Tag &
Nacht«. »filmpool«-Produzent Felix Wesseler zufolge handelt
es sich bei »Berlin – Tag & Nacht« um eine Sendung mit doku-
haftem Look, mit Laiendarstellern, sehr direkter Kameraführung
und einem hohen Authentizitätsanspruch, die eine große Nähe
zu ihren Protagonisten und zur Lebensrealität des Zuschauers
schaffen will.[16] Inhalt dieser Daily Soap: Mitglieder und Freunde
einer Berliner Wohngemeinschaft zoffen und vertragen, verlie-
ben und entlieben sich, haben Erfolge und Misserfolge, tagein,
nachtaus. Wie ihre Hauptzielgruppe, die 14- bis 19-Jährigen.
Klar wissen die alle, dass das mit der WG und Berlin und so voll
krass nur Fake ist, Alter ... aber die Pizza suchen sie dem WG-
Ole doch aus, wenn der fragt, welche er sich denn bestellen
soll. 2,3 Millionen (Facebook-)Freunde haben die gescripteten
WGler in der realen Welt. 1,2 Millionen von ihnen verfolgen
täglich um 19 Uhr die Tränen und Tiraden auf RTL II. Und
geben parallel dazu ihre Kommentare auf Facebook ab. Damit
hat sich RTL II sogar zum »Social TV«-Quotenkönig 2012 ge-
mausert und angezapft, wovon viele Sender noch träumen: den

55

direkten Draht zum Zuschauer, der zu allem, jedem und jeder seinen geposteten Senf abgibt und sich dabei in dem wohligen (und von den Machern bewusst herbeimanipulierten) Gefühl der Authentizität suhlt. Das »Als-ob« wird Realität! Hätten wir damals Bobby Ewing (»Dallas«) mitgeteilt, dass wir ihm für das Gespräch mit seinem blöden Bruder die Daumen drücken, oder Jill Munroe (»Drei Engel für Charlie«) wissen lassen, dass sie uns in dem roten Kleid viel besser gefallen hat, oder Schimanski geraten, doch mal seinen Schnauzer abzurasieren? Eine irritierende Vorstellung. Mit Blick auf die Rezeption von Scripted-Reality-TV fragen die Medienwissenschaftler Hans-Jürgen Weiß und Annabelle Ahrens deshalb auch völlig zu Recht: »Wenn die von der Formatlogik her ja zweifellos intendierte Täuschung erfolgreich ist, ist sie dann für die Getäuschten folgenreich?«[17] Auszuschließen ist das nicht. Denn einer Studie von 2012[18] zufolge nehmen vor allem Kinder und Jugendliche das Gezeigte oft als bare Münze, so dass sie Gefahr laufen, sich an den »abgefilmten« Weltbildern, Denkmustern und Botschaften zu orientieren. Nun werden sich die Produzenten sicher nicht so leicht von mahnenden Medienwissenschaftlern ins Handwerk und schon gar nicht in den Umsatz pfuschen lassen.

Aber mediale Verarsche lässt sich noch toppen – mit Managed Reality, die vor allem bei Talentshows zum Einsatz kommt. Wer glaubt, dass es bei den diversen Gesangs-, Model- oder Tanzwettbewerben um ehrliche Konkurrenz mit offenem Ausgang geht, irrt leider. Denn für die Quote (siehe Seite 62), für vermeintlich große emotionale Momente und natürlich um möglichst viele (zahlende) Anrufer zu rekrutieren, wird die Realität ein bisschen gemanagt, wie mir der bereits erwähnte UFA-Manager völlig sachlich erklärte. Das ist etwa so, als würden in Bundesligaspielen vorher besonders spannende Szenen eingeplant, was ich trotz des Schiedsrichter-Skandals von 2005 nicht hoffen möchte.

Nicht weniger frech ist es natürlich, wenn ein Tierfilmer für das ZDF eine Doku über Wölfe dreht, in Wirklichkeit aber gezüchtete tschechische Wolfshunde zeigt, die er dem Zuschauer als wilde, geheimnisvolle Tiere verkauft. Derselbe Mann flüsterte übrigens auch höchst dramatisch in die Kamera, er befinde sich in Lebensgefahr, so nahe sei er gerade dem größten aller Landraubtiere, dem Eisbär. Dass er von einer kanadischen Luxuslodge aus filmte, in der wohlhabende Touristen wohnen, um Eisbären direkt von ihrer Terrasse aus beobachten und fotografieren zu können, verschwieg er dem Zuschauer ebenso wie die Tatsache, dass die vermeintlich wilden Tiere mit Robbenfett oder Fischkonserven angefüttert wurden.

Das alles wäre legitim, wenn Filmemacher bzw. die Sender (wie z. B. bei der englischen BBC üblich) den Tierfilmfan im Vor- oder Abspann darüber informieren würden, dass es sich *nicht* um Tiere in freier Wildbahn handelt, sondern um gängige Tricks der Doku-Branche.

Da man Sender und Medien in Bezug auf ihre Wahrheitsliebe weder zensieren kann noch soll, bleibt nur, die Zuschauer, vor allem aber die Teens mit möglichst viel Medienkompetenz auszustatten, damit sie Pseudo-Dokus und -Talentshows als solche erkennen und einordnen können. So könnte man ihnen zum Beispiel einen Auszug aus einem realen (!) Drehplan für eine Kuppelshow vorlegen ...[19]

Falkenstein strand

UFA ENTERTAINMENT

schwer verliebt

Drehplan für FABIAN – der schüchterne Sportfreund

Drehzeitraum: 16.08. - 21.08.11
Bewerberinnen: Nicole (30) und Simone (24)
Nebenprotagonisten: Mutter Renate (54. Rentnerin)
                       Evtl. sein Freund Andi, hat aber nur am 17.8. Zeit oder
                       Ernst, der am 19.08. Zeit hat.

Schlafgelegenheiten:
• Beide Frauen (falls zwei kommen) können in der Wohnung von Fabians Mutter
übernachten, die ein Stockwerk über ihm wohnt. Dort können sie im Kinderzimmer
von Enkelsohn Janni schlafen (er hat dort zwei Zimmer) und ist auf einer
Kinderfreizeit.

DREHTAG 1 – Dienstag, 16.08.11
Das große Date: Eine oder Zwei?
• *Establisher*
09:00 - 12:00 Uhr: Vorbereitung aufs Date (Körperlichkeit)
• Fabian wischt seinen mit Krümeln verschmutzen Wohnzimmertisch und staubsaugt
noch einmal den Teppichboden und das Sofa ab. ✓
• Fabian stöbert in seinem Kleiderschrank und will sein schönstes Handball-Trikot
anziehen. Er besitzt nur Trikots und keine elegante Kleidung. *Mutter kommt dazu*
Dialog zwischen Mutter und Sohn. Mutter bemängelt seine Wahl. („Nee, zieh mal
was anderes an! Lieber das hier!") Danach zieht Fabian ein neutrales T-Shirt an.
• Fabian geht ins Bad, rasiert sich und kämmt sich die Haare. Zur Feier des Tages
schmiert er sich Gel in die Haare und sprüht sich mit Parfüm ein. Er ist sehr
aufgeregt, denn es ist acht Jahre her, dass er eine Freundin hatte.
• Fabian packt Liebes-Deko (Rosenblüten, Kerzchen, Glitter etc.), eine Flasche Sekt
und Gläser in seine Tasche, nimmt zwei Muscheln vom Tisch, die er extra für die
Damen am Strand gesucht hat, und macht sich auf den Weg zum Bahnhof. Denn
dort kommt die erste Bewerberin an ✓   *Krümelland mit dann*

13:00 – 16:00 Uhr: Die erste Begegnung mit den Bewerberinnen:
• 13.36 Uhr: Fabian holt die erste Bewerberin Nicole vom Bahnhof ab. (Die zweite
kommt direkt zum Date) Wie werden beide bei der Begrüßung reagieren? Wird der
schüchterne Fabian sie umarmen oder gibt er ihr förmlich die Hand? Dabei vergisst
er beinahe, ihr seine mitgebrachte Muschel zu überreichen.

www.fernsehkritik.tv

📺 **KONSUMENTEN-NAVI**

Seit 2011 wird über eine Kennzeichnungspflicht für gescrip-
tete Formate im Dokulook diskutiert. Das hat immerhin dazu geführt,
dass die meisten schon heute eine entsprechende Formulierung im
Abspann aufblitzen lassen: »Sendung im Stil einer Dokumentation«,
»Alle Personen und Handlungen sind frei erfunden« oder »Nach einer
wahren Geschichte«.

Und wie steht es um jene Menschen, die der süßen Verlockung des Warhol'schen 15-Minuten-Weltruhms erliegen? Um jene also, die sich fürs Reality-TV casten lassen? Die bekommen erst einmal einen Knebel-, pardon Kandidatenvertrag verpasst. Hier ein Beispiel – allerdings in Auszügen, denn der gesamte Vertrag umfasst sage und schreibe 13 eng bedruckte Seiten.

KANDIDATEN-VERTRAG

Zwischen

UFA Entertainment GmbH
Dianastraße 21
14482 Potsdam

- nachfolgend „**Produzent**" genannt -

und

- nachfolgend „**Vertragspartner**" genannt-

wird der nachstehende Vertrag geschlossen:

Präambel:

Der Produzent stellt ein Unterhaltungsformat mit dem Arbeitstitel

„Schwer verliebt"

(nachfolgend „**Produktion**" genannt) her.

Die Produktion wird voraussichtlich ab 26.06.2011 ausgestrahlt und umfasst voraussichtlich 9 Folgen.

Bei der Produktion handelt es sich um ein Partnervermittlungsformat, bei dem die Kandidaten durch den Produzenten die Möglichkeit geboten bekommen, einen Partner ihrer Wahl kennen zu lernen.

Der Vertragspartner hat erfolgreich das Casting durchlaufen und sich damit für die Teilnahme an der weiteren Produktion als Kandidat qualifiziert. Der Produzent hat den Vertragspartner eingeladen, an der weiteren Produktion teilzunehmen. Die Unterzeichnung dieses Vertrages ist Bedingung für die weitere Teilnahme an der Produktion.

I.   Vertragsgegenstand

Der Vertragspartner nimmt das Angebot des Produzenten zur Teilnahme an der Produktion an. Inhalt und Ablauf der Produktion sind dem Vertragspartner bekannt und wie folgt ausgestaltet:

1.   Der Vertragspartner steht dem Produzenten für die Teilnahme an der Produktion ab 18.05.2011 <u>verbindlich</u> zur Verfügung. Zeitpunkt und Dauer der Dreharbeiten gestalten sich wie folgt:

   o Der Portraitdreh wird voraussichtlich am 18.05.2011 statt finden.

   o Der Drehzeitraum für das Sammelcasting und Castingwochenende ist voraussichtlich vom 01.07.2011 bis 03.08.2011. Konkrete Termine und evtl. Terminänderungen werden rechtzeitig durch den Produzenten bekannt gegeben.

   o Der Drehzeitraum für die „Liebeswochen" ist voraussichtlich in der Zeit vom 25.07.2011 bis 25.08.2011. Konkrete Termine und evtl. Terminänderungen werden rechtzeitig durch den Produzenten bekannt gegeben.

Kandidatenvertrag „Schwer verliebt" SAT 1   www.fernsehkritik.tv

6. Der Vertragspartner verpflichtet sich, die Erstausstrahlung der Produktion nicht durch Beantragung einstweiligen Rechtsschutzes zu verhindern. Das Recht zur Erhebung einer Unterlassungs- und Schadensersatzklage sowie alle weiteren Rechte bleiben unberührt.

III. Verschwiegenheitspflichten

1. Der Vertragspartner wird über alle ihm im Zusammenhang mit der Produktion zur Kenntnis gelangenden Angelegenheiten sowie über den Verlauf der Produktion, Informationen, Inhalte und Vorgänge sowie den Inhalt sämtlicher mit dem Produzenten geschlossener Vereinbarungen absolutes Stillschweigen bewahren. Die Verschwiegenheitsverpflichtung erstreckt sich auch auf sämtliche Angelegenheiten, die die Beteiligten an der Produktion, den Produzenten, Geschäftspartner des Produzenten oder den Sender betreffen. Der Vertragspartner wird dafür Sorge tragen, dass Dritte nicht unbefugt Kenntnis erlangen. Die Verpflichtung zur Geheimhaltung besteht zeitlich unbefristet auch über eine Beendigung dieses Vertrages hinaus. Bei Anfragen von Vertretern von Presse/Rundfunk/Film gilt Ziffer VIII.1 des Vertrages.

2. Bild- und/oder Tonmaterial, das im Zusammenhang mit der Produktion steht, darf von dem Vertragspartner nicht gefertigt werden und nicht öffentlich zugänglich gemacht werden, insbesondere nicht über Fernsehen, Internet (wie z.B. eigene Homepage oder YouTube) oder Social-Networks (wie z. B. Facebook oder StudiVZ).

IV. Vergütung

1. Der Vertragspartner erhält zur Abgeltung sämtlicher zu erbringenden Leistungen und Verpflichtungen sowie der Rechteeinräumung eine pauschale Vergütung in Höhe von **700,00 Euro (in Worten:–Siebenhundert–)**. Wiederholungshonorare werden nicht gezahlt. Die Zahlung erfolgt nach Drehende und nach vertragsgemäßer Erbringung der Leistungen sowie gegen ordnungsgemäße Rechnungsstellung (wird vorbereitet und rechtzeitig per Post übersandt). Geht die Rechnung des Vertragspartners nicht spätestens 3 Monate nach Beendigung der Dreharbeiten ordnungsgemäß und vollständig bei dem Produzenten ein, so können nach diesem Zeitpunkt Ansprüche nicht mehr geltend gemacht werden.

2. Der Vertragspartner nimmt zur Kenntnis, dass das Honorar steuerpflichtig ist und er für die korrekte Abführung der Steuern selbst verantwortlich ist. Er versichert, dass er sämtliche Einnahmen im Zusammenhang mit der Erbringung seiner Leistungen aus diesem Vertrag beim zuständigen Finanzamt anmelden wird und die Steuern trägt.

3. Der Vertragspartner ist nicht berechtigt, seine Forderungen gegen den Produzenten ganz oder teilweise an Dritte abzutreten oder zu verpfänden. Dem Vertragspartner ist es nur gestattet, mit unbestrittenen oder mit rechtskräftig festgestellten Forderungen gegenüber dem Produzenten aufzurechnen.

4. Der Produzent ist nicht verpflichtet, die Leistungen des Vertragspartners in Anspruch zu nehmen. Der Produzent kann auf die Leistungen des Vertragspartners auch nach Beginn der Durchführung des Vertrages verzichten und Dritte zur Erbringung der Leistung heranziehen.

5. Ist der Vertragspartner infolge eines in seiner Person liegenden Umstandes gehindert, seine Leistung bzw. Darbietung vertragsgemäß zu erbringen, so verliert er den Anspruch auf die vereinbarte Vergütung.

V. Rechteeinräumung

1. Der Vertragspartner erteilt seine Einwilligung in die Verbreitung seiner Bildnisse und Tonaufnahmen in dem Bewusstsein, dass sein Allgemeines Persönlichkeitsrecht betroffen ist.

Kandidatenvertrag „Schwer verliebt" SAT 1   www.fernsehkritik.tv

Es ist schon erstaunlich, wie viele Menschen bereit sind, einen derartigen Vertrag, mit dem sie ihre Persönlichkeitsrechte an der Garderobe abgeben, zu unterschreiben. Doch zum einen sind 700 Euro für etliche Menschen eine Menge Geld – für den Sender hingegen Peanuts und kaum mehr, als eine gemietete Katze oder Kuh für einen Filmauftritt als »Gage« erhält –, zum anderen ist die Aussicht, einmal im Fernsehen und im Mittelpunkt der Aufmerksamkeit zu sein, offenbar so verlockend, dass der Sender nur mit dem Finger zu schnippen braucht – und schon stehen die potenziellen Laiendarsteller (»Kandidaten«) Schlange ... Mit einem solchen Vertrag haben die Produzenten und Redakteure einen Freifahrtschein in der Schublade. Nun können sie schalten und walten, schneiden und weglassen, wie es ihnen in den Kram passt. Hauptsache, das Endergebnis ist – im wahrsten Sinne des Wortes – auf den Zuschauer zugeschnitten. Diese nachträgliche Schnippelei wie in einem x-beliebigen Spielfilm ist die eigentliche Verarsche. Da werden zum Beispiel Fragen und Antworten der Kandidatinnen und Kandidaten bunt gemischt, bis die gewünschte Wirkung erreicht ist. Ob Kandidatin Sandy und Kandidat René dabei ziemlich blöd aussehen, ist der Redaktion bestenfalls schnurzpiepegal. Oder soll die burschikose Bäuerin Birgit bei der nachgestellten Szene am Bahnhof zwecks Romantik vielleicht doch lieber eine Träne weinen, weil ihr Liebster den Hof verlässt? Kein Problem: Da war doch die Sequenz, als die Bäuerin so herzerweichend um ihr verstorbenes Pferd trauerte. Und schwuppdiwuppschnippschnapp weint die Verlassene beim Abschied die gewünschte Träne ... natürlich untermalt von romantischer Musik. Und dann wäre da ja noch die Berliner Boutique, die ein bisschen Werbung vermutlich gut gebrauchen kann. Schon geht's los. Der Boutique-Besitzer und seine Frau kennen vielleicht den Redakteur von »mieten, kaufen, wohnen« (VOX); der sagt sich womöglich: ›Boutique? Schickes Ambiente? Ganz umsonst? Prima!‹ Jetzt noch schnell die passende Geschichte dazu: Boutique-Ehepaar möchte aufs Land ziehen, weshalb der Makler für sie ein adäquates Domizil in der Uckermark finden soll ... Als die erfolgreiche Suche quer durch die beschauliche Uckermark schließlich wirkungsvoll im Kasten und die überregionale Boutique-Werbung perfekt ist, spielt es auch keine Rolle mehr, ob das Boutique-Ehepaar jemals vorhatte, aufs Land zu ziehen, oder alles nur ein typischer Reality-TV-Fake war ...

Werbung ist aber nicht nur für Berliner Boutiquen wichtig. Auch die Fernsehsender sehen zu, dass sie möglichst viele, möglichst zahlungswillige Werbetreibende an Land ziehen; die privaten ebenso wie die öffentlich-rechtlichen, obwohl diese nur vor 20 Uhr Werbung senden dürfen. Für das werbefreie Hauptabendprogramm zahlt der Zuschauer schließlich seine üppigen Gebühren. Je attraktiver der Werbeplatz, desto höher natürlich der Preis je Werbesekunde. Ein 30-Sekunden-Spot bei »Wer wird Millionär« kostet zum Beispiel um die 60.000 Euro. Wie attraktiv ein Werbeplatz ist, richtet sich vor allem danach, wie viele Personen der anvisierten Zielgruppe für das Produkt zusehen. Insofern wäre ein Spot für Clearasil während eines Heinz-Rühmann-Films wenig zielführend, der coole Gillette-Typ kurz vor dem Formel-1-Start aber trifft da schon eher den Werbenerv der Zuschauer. Zielgruppenkontakt ist das eine, die Einschaltquote das andere Gewicht, das Sender und Werbetreibende auf die Goldwaage legen. Kaum eine statistische Zahl wird von so vielen Interessengruppen kontrolliert wie die Quote; denn die ist bares Geld wert: Etwa acht Milliarden Euro fließen jährlich in den TV-Werbemarkt. Zuständig für die Messung ist die (europäische) Gesellschaft für Konsumforschung (GfK SE[20]), eines der führenden Marktforschungsunternehmen der Welt. Die Daten über die Sehgewohnheiten von 13.000 anonymen deutschen Bürgern, die von der GfK-Fernsehforschung erhoben werden, gehen dann an die Arbeitsgemeinschaft Fernsehforschung (AfG), einem Zusammenschluss aller Konkurrenten rund ums deutsche Fernsehen: Sender und Werbewirtschaft. Hier werden die Daten verwertet. Sie alle wollen ganz genau wissen, was und wann wer der 70 Millionen potenziellen Zuschauer und Konsumenten über 14 Jahre glotzt. Die tägliche Quotenjagd setzt die Sender extrem unter Druck. Insofern hat der Fernsehkonsument mit seiner Fernbedienung ein gewaltiges Druckmittel in der Hand: Was er nicht anschaltet, wird früher oder später aussortiert.

KONSUMENTEN-NAVI

Ausschalten hilft! Wir haben die Wahl. Wem der Quotenwahn der Free-TV-Sender und das daraus resultierende massenkompatible Programmangebot auf die Nerven geht, der kann sich bei den Pay-TV-Sendern über ein zwar verwirrend umfangreiches, aber werbefreies und qualitativ hochwertiges TV-Angebot freuen. Dort läuft alles, was dem Quotendruck nicht standhalten würde: National Geographic TV, TNT, BBC, History, Biography, Comedy Central etc. sowie fast alle Kultserien aus den USA.

Klar ist: Ohne Werbung wäre unser TV-Programm für den Zuschauer unbezahlbar. Gefährlich wird es allerdings dann, wenn nicht die Werbung das Programm ermöglicht, sondern das Programm die Werbung. Wenn Werbeeinnahmen dazu verwendet werden, »Doctor's Diary«, »Danni Lowinski«, »Tagesschau«, »Tatort«, und »Hotel Adlon«, »Die Heute-Show« oder »Unsere Mütter, unsere Väter« zu finanzieren – wunderbar. Aber warum muss ein Tross von 500 Mitarbeitern der öffentlich-rechtlichen Sender nach Südafrika reisen, um über die Fußball-WM zu berichten? Immerhin schafft die BBC dasselbe mit einem Zehntel (!) dieser Manpower! Und muss ProSiebenSat.1 wirklich alle ambitionierteren Sendungen kaputtsparen, um regelmäßig Rekordrenditen an den Eigentümer-Hedgefonds zu überweisen? Die RTL-Gruppe erzielt jährlich Milliardenumsätze – und hat sich doch weitestgehend aus der Produktion von TV-Filmen zurückgezogen, weil sie angeblich nicht so rentabel sind wie Shows und Billigserien.

Trotzdem schwärmen sämtliche deutschen TV-Macher und Manager immer mit verklärtem Blick von HBO, Showtime und anderen US-Anbietern, die hochwertigste Programme produzieren, auch wenn die mal kein Quoten-Hit sind, sondern zunächst »nur« imageträchtig ein Nischenpublikum bedienen. Dass deutsche Serien mit der US-Konkurrenz nicht mithalten können, wird dann immer mit dem Totschlagargument begründet, die Amis hätten eben viel mehr Geld, was nachweislich Unsinn ist. Serien wie »The Big Bang Theory«, »Modern Family« oder »Girls« von HBO (Golden Globe 2013) kosten in etwa dasselbe wie vergleichbare deutsche Produktionen. Teurer sind US-Serien nur »above the line«, das heißt, wenn Stars wie Jeff Daniels in »Newsroom«, Claire Danes in »Homeland« oder Kevin Spacey in »House of Cards« mitspielen, oder wenn beispielsweise ein Starregisseur wie David Fincher (»House of Cards«) oder Martin Scorsese (»Boardwalk Empire«) inszenieren und produzieren. »Below the line«, also hinsichtlich der reinen Herstellungskosten liegen amerikanische und deutsche Serienbudgets nicht weit auseinander. Ein entscheidender Unterschied aber besteht darin, dass beim US-TV insgesamt professioneller und somit schneller und (kosten-)effizienter gedreht wird. Das gilt natürlich nicht für Serien wie seinerzeit »24« und andere Action-Formate, doch an die trauen wir uns in Europa sowieso nicht heran.

»Aus Werbesicht«, so ein Werbezeitenvermarkter der RTL-Gruppe, »erfüllt das Programm nur eine Transportfunktion. Letztlich ist eine Kontaktleistung herzustellen.«[22] Und da die Privaten (tagsüber auch die öffentlich-rechtlichen) nun mal mit Werbung und nicht mit Sendung Geld verdienen, stopft man so viel Pampers, Parship und Pizza zwischen Serien, Soaps und Spielfilme wie möglich. Dazu werden auch schon mal die EU-Richtlinien, welche die Anzahl der Werbeminuten und -unterbrechungen festlegen, kreativ ausgelegt – oder einfach an der Spielfilmlänge herummanipuliert, bis 110 Minuten und damit drei Werbeunterbrechungen zusammengekommen sind. Trick 1: Wiederhole nach der Werbeinsel die letzten drei Minuten des vorherigen Filmblocks. Trick 2: Lasse den Spielfilm langsamer laufen.

Um sich der Werbeeinnahmen möglichst sicher zu sein, wollen die Sender aber nicht nur den Zuschauer per Quote über Wohl und Wehe entscheiden lassen. Da holt man die Werbetreibenden doch lieber gleich mit ins Programmboot: Jeder Privatsender veranstaltet einmal im Jahr eine sogenannte Programmpräsentation, zu der er die Werbetreibenden, sprich die Vertreter von Werbeagenturen und Werbeabteilungen, einlädt. Wie bei einer Werbeveranstaltung werden den Damen und Herren nun alle neuen Formate und Soaps vorgestellt, gerne im Beisein der Hauptdarsteller als Zugpferde und Jahrmarktsattraktion. Und dann entscheiden die Werber, ob und wo sie Werbung platzieren würden. Wenn nötig, helfen die Werbezeitenvermarkter auch mal mit Rabattangeboten nach.[23] Auf diese Weise greifen Nestlé, Henkel, Boehringer Ingelheim Pharma & Konsorten Jahr für Jahr auch in unser Fernsehprogramm ein. Ein Extrembeispiel war die ARD-Soap »Marienhof«: Hier haben sich Firmen sogar jahrelang eingekauft und verkaufsstrategisch wirksam an den Drehbüchern herumgeschraubt.

Und welche Dritten greifen sonst noch so ein und bestimmen, was gesendet wird und was nicht? Erst im Oktober 2012 kam ans

Licht, dass Politiker offenbar gerne hie und da ihren Einfluss geltend machen, wenn es darum geht, die Massenmedien in ihrem Sinne zu benutzen. In diesem Fall war es der Parteisprecher der CSU, der sich einbildete, mit einem Drohanruf bei der »heute«-Redaktion den Bericht über den bayerischen SPD-Parteitag stoppen zu können. Ein peinlicher Einzelfall? Schwer zu glauben – auch wenn das ZDF den CSU-Mann im genannten Fall abblitzen ließ. In Bayern wurde zum Beispiel Dieter Hildebrandts »Scheibenwischer« einst abgesetzt, weil der Landesregierung dessen politische Gesinnung nicht in den Kram passte. Und »Baal«, ein ARD-Film von Dominik Graf, wurde gar nicht erst ausgestrahlt mit der Begründung, er sei »zu hart«. Auch Christian Wulff hatte seine Macht als Bundespräsident eingesetzt, um eben diese zu sichern, indem er dem Springer-Chef mit »Krieg« drohte, sollte der Artikel über seinen Privatkredit in der BILD-Zeitung erscheinen. Nun ist die BILD bekanntlich selbst nicht zimperlich in Sachen Massenmanipulation und Machtgehabe. Doch dass Politiker so plump die Pressefreiheit mit Füßen treten, lässt erahnen, mit welchen – meist unauffälligen – Bandagen gekämpft wird, um die Medienmacht im eigenen Sinne zu beeinflussen. Man schaue sich beispielsweise einmal an, welche Politiker und Funktionäre im ZDF-Verwaltungsrat sitzen.[24] Oder welche Rolle das Parteibuch bei der Benennung der ARD-Intendanten spielt. Das sagt zwar nichts über die Qualifikation des jeweiligen Intendanten aus, aber doch etwas über die gesetzlich verankerte Unabhängigkeit der Medien ...

Als würde nicht schon genug Geld in die Taschen und Kassen der Fernsehmacher fließen, wird nach wie vor mit gesetzwidriger Schleichwerbung hantiert. Dafür sind aufgrund ihrer Werbebeschränkungen leider auch die öffentlich-rechtlichen Sender anfällig. Bekannt gewordene Product-Placement-Skandale gab

es bei »Marienhof«, »Tatort« und Gottschalks »Wetten, dass ...«.
Aber auch ohne das bessere zweite Auge entdeckt man allüberall Werbung, die sich klammheimlich eingeschlichen hat: Die
Marke von Dieter Bohlens Klamotten wäre sogar vom Weltraum
aus zu erkennen; die Markenkosmetik, die von der Hauptdarstellerin gut sichtbar in ihren Einkaufswagen drapiert wird etc.
Laut den durchaus fairen EU-Bestimmungen müsste in solchen
Fällen das Wort »Dauerwerbesendung« eingeblendet sein. Dazu
aber konnte sich bislang nur TV-Total-Stefan bei seinem Promi-
Turmspringen entschließen. Allerdings hätte ich auch wahrlich
keine Lust auf eine »Dauerwerbesendung« statt Montagabend-
film im ZDF oder »Tatort« am Sonntag. Sie?

Aus dem Nähkästchen: In einer von einem US-Autor hervorragend geschriebenen deutschen Komödie sollte ich einen eher
schlicht gestrickten Bauarbeiter spielen, der sich, ohne es zu
wissen, in dieselbe Frau verliebt hat wie sein intellektueller WG-
Mitbewohner. Beide Jungs treffen sich abends zu Hause und
schwärmen in den höchsten, aber komplett unterschiedlichen
Tönen von ihrer neuen Flamme. Als ich am ersten Drehtag zum
Set (Baustelle) komme, steht dort schon mein »Spielfahrzeug«
für mich bereit: ein nagelneuer, aufgemotzter G-Klasse-Daimler
im sechsstelligen Preissegment. Irritiert frage ich, wie sich ein
Bauarbeiter mit 2.000 Euro Bruttomonatsgehalt den leisten könne. Antwort des Produktionsleiters: »Wir haben einen Deal mit
Benz, der Wagen muss ins Bild.« Um meine Arbeit nicht von
vornherein unglaubwürdig zu machen, weigerte ich mich, in den
G einzusteigen. Dann komme ich doch besser per Straßenbahn
oder Fahrrad zur Arbeit, schlug ich vor. Das schien mir für die
Rolle weitaus authentischer. Nach stundenlangem Hin und Her
und Dauertelefonaten wurde schließlich eine uralte, verbeulte

G-Klasse beschafft ... Ein pikantes Detail erfuhr ich später: Der Produzent des Films fuhr auch privat einen nagelneuen Daimler. Da würden mich die Konditionen interessieren. Durfte er womöglich gratis die neuesten Modelle fahren, solange er die Marke zuverlässig ins Bild rückte? Insofern ist es nicht verwunderlich, dass viele TV-Kommissare in Krimis mit auf Hochglanz polierten »Premiumfahrzeugen« durch die Stadt fahren. Das hat mit der Realität deutscher Kripobeamter sehr viel weniger zu tun als mit Profitgier. Was fuhr Nick Tschiller in seinem ersten Hamburg-»Tatort«? Richtig, einen dicken Daimler-Geländewagen.

4 Heute schon gecremt?
Das Gigageschäft mit der Schönheit

»Do not read beauty magazines,
they will only make you feel ugly.«

»Lesen Sie keine Lifestylemagazine, sie bewirken nur,
dass Sie sich hässlich fühlen.«

Die Kosmetik- und Schönheitsindustrie investiert Milliarden, damit bloß niemand diesen klugen Rat aus Baz Luhrmanns »Everybody's Free to Wear Sunscreen«-Song [25] befolgt. Was uns an Cremes, Gels, Sprays, Kapseln, Ampullen, Tonics, Facials, Seifen, Parfums, Tönungen, Diäten etc. via ausgehungerten Models und deren Photoshop-Bearbeitungen in Zeitschriften, TV und Internet angedreht wird, verschlingt Summen, mit denen man wahlweise die Energiewende, die Begrünung der Sahelzone, die Bewältigung des Hungerproblems, der AIDS- oder Bankenkrise locker und in bar bezahlen könnte ...

Über den Kosten-Nutzen-Faktor von Schönheitsprodukten möchte ich mich hier gar nicht weiter auslassen, jeder weiß oder ahnt zumindest, dass sämtliche Ausgaben für die eigene optische Erscheinung eher psychologisch denn physisch wirken – mal abgesehen von chirurgischen Eingriffen, die zwar zunächst sichtbar sind, über deren Vor- und Nachteile aber spätestens ein paar Jahre später zu diskutieren wäre. Das Streben nach Schönheit ist wahrscheinlich so alt wie die Menschheit und hat schon immer zu skurrilen Anstrengungen und Auswüchsen geführt. Daran wird sich auch in Zukunft nichts ändern. Auch nicht daran, dass über die dunklen Seiten des Schönheitswahns – leider meist sinnloserweise – weiterhin viel geschrieben, analysiert und gefachsimpelt wird: Essstörungen, Schönheitschirurgie, Botox, Hautkrebs, giftige Implantate ... Faszinierend finde ich aber, wie konsequent wir unser Hirn ausschalten, mit welchem Herdentrieb wir der Kosmetikindustrie auf den Leim gehen und ihr dadurch konstant steigende Umsätze bescheren ...

»Wer schön sein will, muss leiden« heißt es im Volksmund, und bis vor einigen Jahren war diese vermeintliche Weisheit auf Frauen gemünzt. Voller Mitgefühl fing Mann die Frau auf, wenn sie wieder einmal aufgrund ihres zu fest geschnürten Korsetts hyperventilierend in Ohnmacht fiel oder auf High Heels über Stufen und Kopfsteinpflaster stolperte. Und Mann – meine Wenigkeit eingeschlossen – wundert sich gelegentlich, was Frauen sich so alles antun, um ihre Attraktivität zu steigern.

> *»Frauen tun für ihr Äußeres Dinge, für die jeder Gebrauchtwagenhändler ins Gefängnis käme.«*

Tja, lieber Nick Nolte, das stimmt offenbar nicht mehr so ganz, denn längst rudern auch Männer mit in der Jung-schön-schlank-erfolgreich-Welt. Das maskuline Bad-Duett Seife und Rasierschaum ist mittlerweile zu einem symphonischen Bad-Orchester angeschwollen: Power-Zahnweiß, Deodorant XTreme 48, Force Supreme Augencreme, Total Revitalizer Gesichtspflege, Wetgel cool, High Recharge Showergel, Peeling Energy Boost ... Männerkosmetik boomt! Allein zwischen 2005 und 2010 stiegen die Verkaufszahlen für Männerkosmetik in Deutschland um sagenhafte 100 Prozent. Dieser Punkt geht also eindeutig an die Kosmetikindustrie und ihre findigen Werbestrategen: Was will Mann? Erfolg.

Wovor hat er Angst? Misserfolg. Logische Schlussfolgerung: Der gepflegte Mann hat Erfolg. Im Beruf und bei den Frauen. Bestes Beispiel David Beckham, metrosexuelle Kultfigur und mittlerweile selbst Kosmetikunternehmer. Oder Sebastian Vettel: Der wäre bestimmt nie Formel-1-Doppel- und Dreifachweltmeister geworden, hätte er nicht auf Head & Shoulders vertraut. Und Kosmetikkonzerne wie L'Oréal (Men Expert), Beiersdorf (Nivea), Procter & Gamble (Gillette), Henkel (Schwarzkopf) und Unilever (Axe) kassieren kräftig ab. Nun also auch bei den Herren der Schöpfung, auf die sich bislang vor allem die Zigaretten-, Auto-, Uhren- und Elektronikhersteller eingeschossen hatten. Und da Männer nun mal keine halben Sachen machen, legen sie sich, genauso wie ihre weiblichen Vorbilder in Sachen Verschönerung, immer häufiger auch unters Messer, wenn's dem attraktiven Erscheinungsbild dient. Wo Milch und das Nervengift Botulinumtoxin allein nicht mehr ausreichen, um munter, strahlend und optimistisch auszusehen, müssen eben ein paar chirurgische Eingriffe her. Schlupflider? Weggeschnippelt. Tränensäcke? Rettungsring? Abgesaugt. Der Beauty-Doc soll aber nicht nur entnehmen, sondern darf gegebenenfalls auch gerne hinzufügen, zum Beispiel Eigenfett gegen Falten oder ein Eight-Pack-Implantat für den Waschbrettbauch. Selbst Penis Enlargement wird nicht nur in den USA eifrig angepriesen ...

Ob Männlein oder Weiblein:
Wer schön sein will, muss zahlen.

Erst Bierchen, Burger und Pralinen, dann kostspieliges Implantat oder Absaugen per OP mit Vollnarkose. Ganz ohne Diät. Ganz ohne die Quälerei in der Fitnessbude. Wie praktisch. Vor allem für die Lebensmittelindustrie und die Schönheitsbranche. Die eine verführt und mästet uns Konsumenten mit überzuckerten, fetttriefenden Produkten; Fett und Zucker sind schließlich wunderbare Geschmacksträger, die, sofern sie im Verhältnis 40 : 60 kombiniert werden, sogar Suchtpotenzial entwickeln. Und nun raten Sie mal, welches Fett-Zucker-Verhältnis die meisten industriell hergestellten Kekse, Süßspeisen und Fertiggerichte haben ... Und die Schönheitsbranche? Die packt uns bei unserer Eitel- und Bequemlichkeit, indem sie uns das Blaue vom Beautyhimmel verspricht: Fettverbrennungstabletten, Schlankheitsdrinks, Detox-Tees, Straffungscremes. Sichtbare Ergebnisse bei regelmäßiger Anwendung. Garantiert. Denn etwas schmilzt bestimmt: das eigene Bankguthaben.

KONSUMENTEN-NAVI

Vorsicht vor vermeintlichen Schlankmachern aus dem Internet! Vor allem Importpräparate enthalten oft extrem gefährliche Substanzen in hoher Dosis.[26]

Und wem das Loch im Portemonnaie die Sorgenfalten auf die Stirn treibt, der kann sich ja mit der Lift Effekt Mimik Relax Maske trösten: reich an bioaktiven Inhaltsstoffen, dermatologisch getestet und hyperallergen ...

KONSUMENTEN-NAVI

Dermatologisch getestet, hyperallergen, unter ärztlicher Aufsicht entwickelt ... Solche Begriffe und Aussagen sind rechtlich nicht geschützt und somit nichts weiter als heiße Luft bzw. kosmetische Augenwischerei.

Ja, die Kosmetikwerbung versteht es prächtig, den gutgläubigen Konsumenten mit fachlich konnotierten Begriffen wie Aktivformel, hautregulierend und Zellerneuerungsfunktion um den Finger zu wickeln. Hier noch eine pseudowissenschaftliche Grafik, dort ein seriös klingendes Wirkversprechen (»Beruhigt intensiv und lang anhaltend«) samt glatt retuschiertem Antlitz ... und fertig ist die als gut gemeinte Information getarnte Reklame. Entsprechend erfreut dürfte die Branche über den Fauxpas gewesen sein, der dem Gesetzgeber kürzlich bei der Neuregelung des Heilmittelwerbegesetzes[27] unterlaufen ist. Denn bestimmte Werbeverbote, die zuvor für Kosmetika *und* Arzneimittel galten, beziehen sich plötzlich nur noch auf Arzneimittel. Ein simpler, aber folgenreicher Redaktionsfehler, den der Kosmetik- und Medizinrechtler Gunnar Sachs aufgedeckt hat.[28] Demnach dürften Kosmetikprodukte (z. B. Nahrungsergänzungsmittel) und Gegenstände zur Körperpflege bzw. Fettreduktion wie das Ultraschallgerät für zu Hause nun sogar krankheitsbezogen von Wissenschaftlern empfohlen (»Kittel-Werbung«) und mit »medizinischen« Abbildungen zu Wirkvorgängen beworben werden. Tja, dumm gelaufen, denn somit hat Deutschland plötzlich das lascheste Kosmetikwerbegesetz in der EU ...

Wenn es um Kosmetikwerbung geht, ist auch das Wörtchen »natürlich« nicht weit. Gerade bei künstlichen Verschönerungsmaßnahmen liegt Natürlichkeit seit Jahren im Trend. Insofern war der Pharmakonzern Merz Pharma mit seinem Traditionsslogan »Natürliche Schönheit kommt von innen« ein echter Trendsetter. »Du siehst ja super erholt aus« heißt deshalb heute oft nichts anderes als »Deine Botoxbehandlung war echt erfolgreich«.

Auch gekaufte Schönheit ist vergänglich.

Inzwischen werben Kosmetikhersteller sogar schon mit dem »Botox-Effekt«. Dafür müsste die Wundercreme allerdings eine so hohe Dosis der Wirksubstanz aufweisen, dass sie nicht mehr frei verkäuflich, sondern ein Arzneimittel wäre. Tatsächlich gibt es in der kosmetischen Industrie nur wenige Substanzen, die in der erlaubten Dosis durch die Haut dringen und Effekte hervorrufen können.[29] Eine davon ist das Vitamin C. Doch damit es überhaupt irgendetwas bewirkt, muss die Creme nicht nur eine Vitamin-C-Konzentration von mindestens zwölf Prozent haben, sondern auch einen möglichst neutralen pH-Wert. Keine einfache Angelegenheit für die Damen und Herren Chemiker, weshalb die meisten Produkte, die sich damit schmücken, Vitamin C zu enthalten, getrost als Mogelpackung bezeichnet werden können. Dasselbe gilt übrigens auch für den In-Wirkstoff Hyaluronsäure und das Vitamin A (Retinol): Ohne die richtige Formulierung (Zusammensetzung) geht gar nichts ... Alle anderen angepriesenen Stoffe in Cremes und Seren bleiben an der Hautoberfläche, genauer an der Hornschicht kleben, wo sie bestenfalls zeitweilig befeuchten, fetten und duften, ohne der Haut zu schaden. Denn *jeder* Inhaltsstoff, ob nun natürlichen Ursprungs oder synthetisch hergestellt, ist und bleibt ein Fremdstoff und somit ein mögliches Allergen. Als besonders allergieträchtig gelten Parabene. Dieser billige Konservierungsstoff, der zudem unter dringendem Verdacht steht, Krebs zu verursachen, wird in unzähligen Kosmetikartikeln verwendet, vom Haarshampoo bis zur Fußcreme, aber auch in Nahrungsmitteln und Medikamenten. In den USA, wo die Angst der Unternehmen, auf Schadensersatz verklagt zu werden, sehr viel größer ist als bei uns, werden

Kosmetikprodukte ohne Parabene seit Jahren ausdrücklich als »Parabene-free« beworben.

Aus dem Nähkästchen: Ein Kollege meines Vaters, der von Beruf Chemiker war, führte Ende der 1960er einen interessanten Versuch mit 500 Studenten der University of Pittsburgh durch. Sie sollten sich einen Monat lang den linken Arm mit Duschgel oder Seife waschen, den rechten Arm nur mit Wasser. Ergebnis: Der Säureschutzmantel der Haut am linken Arm war zerstört, Allergien, Reizungen, Entzündungen und Parasitenbefall weitaus häufiger bzw. ausgeprägter als am rechten Arm. Als mein Vater uns während des Abendessens von diesem Test erzählte, war ich kleiner Steppke schon beeindruckt, wie clever die Seifen- und Creme-Hersteller gleich doppelt abkassieren: Sie verkaufen uns ein Produkt, das unsere Haut beschädigt, und anschließend eins, das sie wieder reparieren soll.

»Reizende« Duftstoffe (Fragrance/Parfum/Alpha-Isomethyl Ionone) sowie aus Erdöl gewonnenes Silikonöl (Dimethicone) sind für die Hautpflege ebenfalls alles andere als geeignet. Silikonöl macht die Haut »fühlbar geschmeidig« – solange es nicht abgewaschen wird. Nach dem Waschen ist die Haut nämlich nicht nur wieder genauso trocken oder rau wie vorher, sondern auch noch verstopft. Sprich, sie kann nicht mehr frei atmen, was wiederum die hauteigene Regenerationskraft schwinden und die Haut altern lässt. Kein Wunder, schließlich werden auch Fliesenfugen mit Silikon verdichtet ... Da ist es schon sehr erstaunlich, wie dreist selbst hochpreisige Kosmetikmarken wie »jane iredale. The Skin Care Makeup« sich damit brüsten, ein Make-up anzubieten, »das unserer Haut guttut« – obwohl einige Produkte nachweislich Dimethicone enthalten. Aber zum

Glück gibt es ja das weitverbreitete Polyethylenglykol (PEG), das die Poren wieder künstlich öffnet und damit durchlässiger macht – dummerweise auch für alle möglichen Umweltgifte ... Ein weiterer beliebter Inhaltsstoff in Kosmetika ist das Feuchtigkeit spendende Glycerin. Diesen Stoff finden wir nicht nur in Körper- und Gesichts-, sondern auch in Schuhcreme. Ist das Glycerin in einer Hautcreme allerdings zu hoch dosiert, hat es die gegenteilige Wirkung und trocknet die Haut aus. Bei den Inhaltsstoffen sollte Glycerin also nicht unbedingt an zweiter oder dritter Stelle stehen.[30] Kurzum: Die Kosmetikindustrie ist eine nimmersatte Spinne, die schon bei den kleinsten Konsumenten beginnt, ihr lukratives Netz aus Waschlotion, Körperölen und -cremes zu weben, bis schließlich zwölfjährigen Mädchen das erste, ganz natürlich wirkende Make-up für die junge (Problem-)Haut aufgeschwatzt wird, um dann den Mittzwanzigern ihre bedrohlichen ersten Falten samt der richtigen Pflege vor Augen zu führen ...

Selbst Birgit Huber, die stellvertretende Geschäftsführerin des Industrieverbands Körperpflege und Waschmittel (IKW), macht keinen Hehl aus der Abhängigkeit, in die uns die Spinne Kosmetikindustrie hineinlocken will: »Ab dem 25. Lebensjahr treten erste Fältchen auf, dagegen helfen Anti-Aging-Produkte. Aber nur solange man sie benutzt. Setzt man sie ab, sind die Falten wieder da.«[31] Logisch. Schließlich können die Hersteller nur mit kurzzeitigen Sofortverjüngungseffekten arbeiten. Entweder wird die obere Hornschicht so stark durchfeuchtet (z. B. mit Hyaluronsäure), dass es zu einer Mikroaufquellung kommt und die Haut für wenige Stunden etwas praller wirkt, oder es wird eine Celluloseart eingesetzt: Sobald die Cellulose auf der Haut antrocknet, spannt sie und ruft einen optischen Straffungseffekt hervor. Auf diese Weise werden Konsumentinnen und Konsu-

menten zu wahren Kosmetikjunkies herangezüchtet, denen es interessanterweise völlig egal ist, dass ihre »Drogen« meistens an Tieren getestet wurden ...
Zumindest werden Tierversuche für Kosmetikprodukte ab 11. Juli 2013 in der EU verboten, dann nämlich tritt eine neue Richtlinie in Kraft.[32] Immerhin!

KONSUMENTEN-NAVI
Die beste kosmetische Anti-Aging-Maßnahme heißt SONNENSCHUTZ – und zwar reichlich.[33] Sparen Sie also nie bei der Menge, sondern lieber beim Preis; denn preiswerte Sonnenschutzprodukte sind mindestens genauso wirkungsvoll wie ihre teuren Kollegen.[34]
Achtung bei Gesichtscremes mit UV-Schutz: Der tatsächliche Lichtschutzfaktor ist bisweilen um einiges niedriger, als auf der Packung angegeben.

Abgesehen davon ist jede Haut anders. Wenn also Monika aus Recklinghausen auf Garniers BB Cream schwört, heißt das noch lange nicht, dass Sibylle aus Halle ebenfalls vor lauter Begeisterung vom Schminkhöckerchen fällt. Deshalb sind die von den Werbeleuten so gern hervorgezauberten »Tests mit 20, 50 oder 250 zufriedenen Frauen« auch eine komplette schönfärberische Farce. Und womit waren die Testdamen denn eigentlich so zufrieden? Mit der Atmosphäre, dem Duft oder dem Honorar? Wissenschaftlich belastbare Ergebnisse sucht man jedenfalls vergebens. Da sind auch Kosmetikserien aus der Apotheke um keinen Deut besser. Denn Apothekenkosmetik ist eine reine Vermarktungsstrategie, weshalb die Hersteller verschiedene Linien haben. Beiersdorf zum Beispiel verkauft in Supermärkten und Drogerien seine preiswerten Nivea-Produkte, in der Apotheke aber die teureren Eucerin-Artikel; und von dem Kosmetikgiganten L'Oréal finden Sie in der Apotheke Seren und Cremes der Linie La Roche-Posay Laboratoire Dermatologique. Wer nun aufgrund des medizinisch klingenden Namens glaubt, diese Produkte seien stets hochwertiger und besser geprüft, der irrt. Nicht selten steckt in dem auf gesund und hochwertig getrimmten Tiegel aus der Apotheke sogar die gleiche Creme wie in dem Töpfchen aus der Drogerie. Nur mit anderem Duft und Preis.

> *»Beauty is worse than wine;*
> *it intoxcates both the holder*
> *and the beholder.«*

> *»Schönheit ist schlimmer als Wein;*
> *sie berauscht sowohl den Inhaber*
> *als auch den Betrachter.«*
> Aldous Huxley

Abschließend noch ein Anekdötchen aus der Filmbranche: Martin Scorsese, lebende Regielegende (»Taxi Driver«, »Wie ein wilder Stier«, »Casino«, »Good Fellas« etc.), besetzt schon seit Jahren keine Schauspieler/innen, die gebotoxt sind. »Die haben keine Mimik mehr«, sagt er. Interessant auch, dass eine Schauspielerin wie Meryl Streep, sichtbar nicht gespritzt und operiert, einen Triumph nach dem anderen feiert, während operierte Stars wie Meg Ryan und Nicole Kidman von der Bildfläche verschwinden.

»Aging is not for pussies«, hat Dolly Parton einmal gesagt. Wer also kein Weichei oder Schlappschwanz sein will, sollte versuchen, in Würde und vor allem mit Humor zu altern ...

Wegweiser

- Mit Wirkung vom 11. Juli 2013 tritt eine neue »Kosmetikrichtlinie« der EU in Kraft, die den Warenverkehr mit Kosmetikerzeugnissen sicherstellt und gleichzeitig ein hohes Maß an Verbraucherschutz garantieren soll (hoffentlich!), indem sie die Zusammensetzung und Kennzeichnung der kosmetischen Mittel regelt. Zudem sieht die Verordnung eine Sicherheitsbewertung der kosmetischen Mittel und das Verbot von Tierversuchen vor. Na endlich!

- Dr. Hauschka (Marke der WALA Heilmittel GmbH) setzt ausschließlich auf natürliche Ingredienzien aus eigenem Anbau, auf nachhaltiges Wirtschaften und ein ganzheitliches Pflegekonzept. WALA ist ein anthroposophisch ausgerichteter Konzern, bei dem Umweltverträglichkeit und soziales Engagement oberste Priorität haben (www.dr.hauschka.com).

- Make-up-Produkte von Andrea Biedermann (www.mineralpuder.de) werden ohne Duft- und Konservierungsstoffe, Silikonöle etc. hergestellt.

- Ähnliches gilt für Weleda-Produkte.

- Auch der österreichische Hersteller RINGANA verfolgt mit seiner »konsequenten Frischekosmetik« ein ganzheitliches Konzept (u. a. ohne Chemie und ohne Tierversuche), weshalb man hier auch Glasflakons und eine Recycling-Aktion findet: www.ringana.com.

5. Mission oder Milliardenmarkt?
Die Wahrheit über die Energiewende(hälse)

> »Let's be gentle with our planet.«
>
> »Lasst uns gut mit unserem Planeten umgehen.«
> Dalai Lama

Quelle: NASA, 21.9.1979 / 16.9.2007

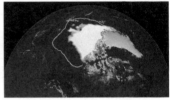

Quelle: NASA, 16.9.2012

Der Klimagipfel Ende 2012 in Doha war Klimagipfel Numero 18 – und ein Witz, wenn's nicht so traurig wär' ... Doch der deutsche Umweltminister verkündet nur wenige Tage nach seiner Rückkehr im deutschen Bundestag, die Ergebnisse seien wesentlich besser als erwartet.[35] Ja, so kann man sich und vor allem den Wählerinnen und Wählern den erzwungenen Minimalkompromiss auch schönreden. Und während Herr Altmaier die deutschen Erfolge in Sachen Energiewende demonstrativ vor sich herträgt wie schon seine Vorgänger Röttgen und Merkel (als Helmut Kohls »Mädchen« war sie bekanntlich Umweltministerin), sieht die Realität zwischen Ostsee und Alpen ganz anders aus: Nur fünf der 15 energiepolitischen Ziele, die sich die Bundesregierung im Jahr 2008 gesetzt hat, haben nach aktuellem Stand überhaupt Aussicht auf Erfolg.[36] Viel schlimmer aber ist, dass auch im »Energiewendevorreiter« Deutschland Energieverbrauch, CO_2- und Methanausstoß weiter steigen. Das Umweltministerium posaunt zwar, die Emissionen seien gegenüber 1990 um fast 27 Prozent gesunken, verschweigt dabei aber, dass genau zu diesem Zeitpunkt die gesamte, ziemlich dreckige DDR-Industrie den Bach runterging und dass die Wirtschaftskrise (= weniger Produktion) den CO_2-Ausstoß kurzzeitig ein wenig gesenkt hat. Ohne diese beiden Faktoren läge Deutschland signifikant über dem Sollwert – nicht zuletzt wegen der boomenden Unterhaltungselektronik.[37]

Dabei wäre es doch eigentlich ganz einfach: Wer Luft, Atmosphäre und Umwelt versaut, muss blechen, wer ebendiese schont, wird belohnt. Ja. Wären da nicht die Bequemlichkeit des Endverbrauchers, der Lobbyismus und die Profitgier der Industrie sowie die Gemengelage aus Unfähigkeit, Verlogenheit und Korrumpierbarkeit in der Politikerriege.

Was nach wie vor fehlt, ist ein stringentes, ehrliches Energiekonzept, das die drei zentralen Bereiche Mobilität, Strom und Wärme gleichermaßen berücksichtigt und von allen Beteiligten mitgetragen wird. Was stattdessen da ist, ist ein Tauziehen zwischen verschiedensten Interessengruppen. Verkompliziert wird das Ganze dadurch, dass ein und derselbe Mensch oft in dem einen Bereich zur umweltbewussten Fraktion, im anderen aber plötzlich zur »Nach mir die Sintflut«-Fraktion gehört. Da wäre zum Beispiel der Hausbesitzer, der sich löblicherweise entschieden hat, kein neues Auto mehr zu kaufen, um die Umwelt zu schonen und Energie zu sparen; doch als der Gesetzgeber von ihm verlangt, eine Außenwanddämmung vorzunehmen, nur weil er die Fassade komplett streichen möchte[38], geht er auf die Barrikaden. Oder jene Leute, die permanent über zu hohe Stromkosten meckern und dann bei OBI olle Glühbirnen kaufen, das Fenster bei laufender Heizung gekippt lassen und sich einen stromfressenden Kühlschrank zulegen, weil er gerade so schön billig ist ... Ian Byrden, namhafter Professor für erneuerbare Energien an der Universität von Edinburgh, geht deshalb auch davon aus, dass sich noch viel in den Köpfen der Menschen ändern muss: »Die Leute wollen zwar erneuerbare Energien – aber bitte beim Nachbarn.«[39]

KONSUMENTEN-NAVI
Die Energiewende betrifft alle Bereiche: Mobilität, Wärme und Strom. Denn diese sind untrennbar miteinander vernetzt. Also ganz oder gar nicht!
Wenn Politiker/innen behaupten, die Energiewende sei ohne Verzicht des Einzelnen machbar, ist das gelogen. Auch das Prinzip »Hannemann, geh du voran!« funktioniert leider nicht. Politik und Industrie werden die Wende nicht ohne uns hinkriegen – und das heißt: Umdenken und Änderung beim Energiekonsumverhalten.

Was wir Otto Normalverbraucher in unseren heimischen vier Wänden immer wieder erleben, passiert – wie sollte es anders sein – auch auf politischer Ebene. Zumal Politiker, die langfristige Veränderungen wie die Energiewende vorantreiben und gleichzeitig Wahlen gewinnen wollen, schlechte Karten haben; denn neue Weichen zu stellen ist oft unpopulär und somit kein sicheres Netz zum Stimmenfang. Insofern sagt ein Parteibuch heute auch nichts mehr aus über die jeweilige Gesinnung in Sachen Energiewende. Während zum Beispiel ein FDP-Bürgermeister im brandenburgischen Feldheim seinen Ort auf energieautark getrimmt hat, verteidigt der Brandenburger Landesherr Platzeck von der SPD »seine« Braunkohle als »Brücke für die Energiewende«.

Ein katastrophales Kuddelmuddel hat auch der viel gepriesene und hoch subventionierte Biosprit verursacht. Mit seiner Hilfe wollte die Bundesregierung ihre magere Klimabilanz aufpolieren – außer Acht lassend, dass dieser vermeintliche Öko-Kraftstoff Umwelt und Klima insgesamt um Etliches mehr belastet als herkömmliche fossile Kraftstoffe. Das größte Problem ist das für den Biosprit verwendete Palmöl. Die Industrie, scheint es, kann nicht mehr ohne, denn es fließt nicht nur in die deutschen Tanks, sondern auch massenhaft in Küche, Kosmetikprodukte und in »grünen« Strom – getarnt als »pflanzliches Öl (oder Fett)«. Ein Milliardengeschäft auf Kosten des Regenwalds. Denn der wachsende Bedarf an Palmöl beschleunigt das Abholzen und die Brandrodungen der letzten tropischen Regenwälder in Indonesien und Malaysia: Für die gigantischen Palmölplantagen gehen Millionen Hektar Regenwald über kohlenstoffreichem Torfboden in Flammen auf. Allein auf der Insel Borneo entspricht das einer Ausdehnung von fünf Fußballfeldern – pro Minute! Eine Katastrophe in Sachen CO_2-Emissionen, denn der Regenwald samt seinem Torfboden ist der wichtigste CO_2-Speicher der Welt und somit unsere Klimaversicherung.

Aus dem Nähkästchen: Als wir 2007 und 2008 eine ZDF-Doku zum Thema Regenwaldvernichtung und Orang-Utans machten, buchten wir für eine Stunde einen Helikopter, um die letzten Flecken des Tieflandregenwaldes in Ost-Kalimantan zu filmen. Doch Pustekuchen: Wir flogen ausschließlich über Kahlschlag oder endlose Monokulturen für die Palmölproduktion. Später erfuhren wir, dass diese Palmölplantagen von der Europäischen

Union und der deutschen Bundesregierung massiv subventioniert wurden. Und so verdienen korrupte indonesische Politiker und Plantagenbesitzer (oft ein und dieselbe Person) gleich dreifach: Erst rasieren sie den Regenwald weg und verkaufen Teak, Meranti, Bangkirai und andere edle Hölzer für viel Geld, vor allem nach Europa. Dann greifen sie die Subventionen für die Plantagen ab und verkaufen uns schließlich ihr Palmöl. Win-win-win für die wenigen, ohnehin schon reichen indonesischen Agrar-Unternehmer, lose-lose-lose für Umwelt, Klima und die letzten Orang-Utans. Um also unsere hiesigen Luxuskarossen mit »sauberem« Sprit und grünen Gewissens durch die Stadt schaukeln zu können, haben wir nicht nur die Umwelt noch mehr zerstört, sondern auch viel Geld bezahlt. Dümmer geht's nicht.

Für Prof. Florian Siegert von der LMU München besteht die Hauptschwierigkeit darin, dass intakter Regenwald für die Industrie keinen ökonomischen Wert hat.[40] Und so gilt die Ölpalme ebenso wie der Raps gemeinhin als »Pflanze aus landwirtschaftlichen Betrieben« und somit als nachwachsender Rohstoff. Aber die EU ist ja umweltbewusst: Deshalb darf für Kraftstoffe laut EU-Richtlinie nur Palmöl verwendet werden, für das weder Primär-, sprich Regenwald noch Torf zerstört wurde. Klingt gut, oder? Wenn da die kleine Einschränkung »seit 2008« nicht wäre ... Demnach darf Palmöl von Plantagen, die *vor* 2008 angelegt wurden, bedenkenlos in Biokraftstoffen eingesetzt werden. Mit anderen Worten: eine »grüne Amnestie« – subventioniert mit unseren EEG-Geldern.[41]

Auch heimische Biogasanlagen werden um ein Vielfaches mehr mit sogenannten Energiepflanzen gefüttert als mit Bioabfällen, vor allem mit Mais wegen der hohen Energieausbeute. Darum werden hiesige Agrarflächen zu riesigen Monokulturen im Dienste der Bioenergie. Nicht nur, dass diese »grünen Wüsten« (Biodiversitätsödnis) extrem schädlingsanfällig und somit ebenso extrem pestizidbelastet sind (laut neuester Forschungserkenntnisse der TU Dresden können Pflanzenschutzmittel sogar Parkinson auslösen); der andere, nicht minder folgenreiche Effekt heißt im Fachjargon ILUC und steht für Indirect Land Use Change (indirekte Landnutzungsänderung). Dahinter verbirgt sich nichts anderes als die Verdrängung von Anbauflächen für Nahrungsmittel auf bisherige Wald- oder Brachflächen oder gar in Drittländer; denn nur um Biosprit zu tanken und auf ökostrombetriebenen PCs zu schreiben, möchte wohl niemand hierzulande auf Nahrung verzichten ... Da es für viele deutsche landwirtschaftliche Betriebe inzwischen lukrativer ist, Energiepflanzen anzubauen, als Kartoffeln oder Kohl, muss das Gemüse jetzt mit unnötig viel Wasseraufwand in trockenen Ländern wie Spanien, Marokko und Ägypten angebaut und von dort in unsere Läden transportiert werden. Wenn man den ILUC-Wert in die Klimabilanz von Biosprit einberechnet, wie es ein Entwurf der EU für Nachhaltigkeitskriterien bis vor Kurzem vorsah, entpuppt sich herkömmlicher Diesel plötzlich wieder als ökologisch sinnvoller als sämtliche Biokraftstoffe wie Rapsöl, Sojaöl und Palmöl. Dass das nicht im Sinne der Biosprit-Industrie sein kann, liegt nah. Darum ist dieser Entwurf auch ein kleines bisschen verändert worden: Die ILUC wird dokumentiert, aber nicht einberechnet. Fazit: Der ökologische Negativeffekt fällt einfach unter den Tisch – und die grün gewaschene Sprit- und Geldquelle sprudelt munter weiter ...

Teuer. Teurer. Energiewende?!

Man stelle sich einmal vor, wie unser aller Alltag ohne Strom aus-sähe: kein elektrisches Licht, kein Handy, kein Computer, kein TV oder Kino, keine Waschmaschine ... Insofern ist Strom tatsächlich ein kostbares Gut. Aber kostbarer als Klima und Umwelt?

Der Strompreis steigt seit zehn Jahren. Inzwischen ist er schon 70 Prozent höher als 2002. Allerdings ist der Preis für Heizöl heute sogar sage und schreibe 200 Prozent höher als damals. Von den Benzinpreisen ganz zu schweigen. Anfang 2013 nun kletterte der Strompreis noch einmal je Kopf um ca. 4,70 Euro monatlich. Zum Vergleich: Eine Schachtel Zigaretten kostet 4,90 Euro, ein Glas Wein im Restaurant in etwa dasselbe ... Zudem gehen von diesen Strom-Mehrkosten nur zwei Euro auf das Konto des Aus-baus erneuerbarer Energien. Der Rest sind Umsatzsteuer und der Ausgleich für die Strompreisbeihilfen[42], mit denen energiein-tensive Unternehmen wie Stahl-, Glas- und Papierproduzenten entlastet werden. Trotzdem kostet die Energiewende, das steht außer Frage. Aber Umwelt- und Wirtschaftsministerium ebenso wie die Industrie posaunen genau das lautstark in die Medienoh-ren, um den ehrgeizigen Plan der Energiewende nach und nach und mit Wählerzustimmung wieder rückgängig zu machen: »Alles viiiel zu teuer!« Kalkuliert man jedoch die Folgekosten der Klimaschäden durch den fossil-atomaren Energiemix und dessen Sicherheits- und Gesundheitsrisiken ein, ist Strom aus er-neuerbaren Energien wie Wind und Sonne schon heute weitaus günstiger und vor allem gesünder. Dass erneuerbare Energien per se teuer seien, so Volker Quaschning, Professor für Regene-rative Energien an der Hochschule für Technik und Wirtschaft Berlin[43], sei eine vorgeschobene Argumentation der »Bewahrer«,

um Politikern und Verbrauchern die Energiewende madig zu machen. Dafür wird gern auch mal viel Geld in die Hand genommen. Erinnern Sie sich zum Beispiel an die ganzseitigen Anzeigen der Pro-Atomkraft-Kampagne »Mut und Realismus für Deutschlands Energiezukunft«? In allen großen deutschen Zeitungen warben Herren wie Oliver Bierhoff (Sohn eines früheren RWE-Vorstands), Otto Schily, Wolfgang Clement und die Crème de la Crème der industriellen deutschen Senioren-Riege für die Atomlaufzeitverlängerung. »Wie sieht eine sichere [sic!], saubere und bezahlbare Energieversorgung aus?«, fragten die Herren damals – nur wenige Monate vor der Nuklearkatastrophe von Fukushima ... Dass das Ganze auf nicht wenige Betrachter wirkte wie eine Viagra-Werbung, war vermutlich unbeabsichtigt.
Journalistische Schützenhilfe bekommen die Ewiggestrigen gelegentlich auch von den Medien selbst, indem diese massenwirksam ins Horn der Atompropaganda stoßen. Denn wir stecken mitten in einem Konkurrenzkampf zwischen zwei Systemen: Je mehr die Energiewende, sprich die Umstellung auf erneuerbare Energien voranschreitet, desto mehr Marktanteile verlieren die großen Stromversorger E.ON, RWE, EnBW, Vattenfall samt ihren zahlreichen Tochter- und Subunternehmen. Und ab einem gewissen Zeitpunkt funktionieren Wind- und Solarstrom eben nicht mehr parallel zu Strom aus Atom- und Kernkraftwerken ... Bis zur Katastrophe von Fukushima im März 2011 verfolgten die Stromkonzerne eine ganz simple Strategie: ›Nach Rot-Grün kommt wieder Schwarz-Gelb – und dann machen wir alles wieder rückgängig, was unsere Marktmacht gefährden könnte.‹ Doch unmittelbar nach der Katastrophe in Japan wurde nun auch seitens der schwarz-gelben Bundesregierung lieber schnell die Energiewende ausgerufen, um nicht wie in Baden-Württemberg sämtliche Wahlen krachend zu verlieren. »Wenn wir die

Solarenergie in dem gleichen Tempo ausbauen wie bisher«, so Energieexperte Quaschning, »wird Deutschland schon in sieben, acht Jahren keine Kern- und Braunkohlekraftwerke mehr sinnvoll betreiben können.« Aus Sicht der »alten Hasen« muss dieser rasante Fortschritt also zumindest gebremst, wenn nicht gar gestoppt werden. Da sind sich offensichtlich auch Merkel, Altmaier, Rösler und Konsorten einig. Anders ist es wohl kaum zu erklären, dass selbst die Chinesen, ansonsten eher für Umweltvernichtung als für Umweltschutz bekannt, in zwei Jahren so viele Windkraftanlagen gebaut haben wie wir in zwanzig Jahren und dass bei uns gut funktionierende Windparks abgeschaltet werden müssen, weil der Netzausbau viel zu zögerlich vorangeht. Und da die Atomkraftwerke laut verbriefter »Laufzeitverlängerung« ja noch bis 2022 Strom produzieren sollen, werden mal eben die Subventionen für den Solarenergieausbau gedrosselt. Unterdessen nimmt RWE in Neurath das weltweit größte Braunkohlekraftwerk, »eine der größten CO_2-Schleudern Europas«[44], in Betrieb (August 2012). »Ein herausragender Beitrag zum Gelingen der Energiewende«, lobt Umweltminister Altmaier. Doch wohl höchstens zum Gelingen der Kehrtwende gen industrielles Steinzeitalter, Herr Minister, oder?

Kohlekraftwerke sind für ca. 50 Prozent des weltweiten CO_2-Ausstoßes verantwortlich. Das ist mehr als doppelt so viel wie der weltweite Auto-, Schiffs-, Flugverkehr. Wenn US-Politiker wie John McCain und deutsche Kohle-Propagandisten da noch von »Clean Coal« und »sauberer Kohle« reden, ist das Wort »Verarsche« wirklich vorsichtig gewählt.

Dass die Energieversorger für den Betrieb ihrer Kohle- und Gaskraftwerke seit Januar 2013 Emissionszertifikate kaufen müssen, schlägt sich ebenfalls auf den Strompreis nieder. Energieintensive Industrieunternehmen müssten folglich besonders tief in die Tasche greifen. Doch wofür gibt es den Nikolaus alias Philipp Rösler? Er tröstet diese Unternehmen pünktlich zum 6. Dezember anno 2012 kraft seines Amtes als Wirtschaftsminister mit weiteren Strompreisbeihilfen. Sein Mantra: der Erhalt von internationaler Wettbewerbsfähigkeit und Arbeitsplätzen. Gleichzeitig aber wird der Emissionshandel für den Klimaschutz ad absurdum geführt und der Anreiz für die Unternehmen, Energie zu sparen (um Kosten zu senken), weiter zurückgeschraubt.

KONSUMENTEN-NAVI
Höhere Energiepreise tragen inzwischen kräftig dazu bei, dass Groß- wie Kleinverbraucher viel bewusster mit ihrem Energieverbrauch umgehen und eine Menge dafür tun, um ihre Energiekosten zu reduzieren.
Tipps, wie sich der Energieverbrauch im Alltag weiter drosseln lässt, finden Sie unter anderem auf den Internetseiten von Greenpeace und Utopia.

Fazit: Nicht die größten Stromverbraucher und Klimakiller müssen für die Energiewende zahlen, sondern die Privathaushalte. Stichwort EEG- bzw. Ökostrom-Umlage. Über diesen Betrag, der in den Strompreis einfließt, werden die erneuerbaren Energien gefördert. Seit Januar 2013 mit insgesamt 5,3 Cent je Kilowattstunde. Subventioniert werden aber nicht nur die erneuerbaren Energien; auch Atomstrom sowie Strom aus Stein- und Braunkohle wurden in Deutschland stets massiv gefördert, allerdings nicht über den Strompreis, sondern aus Steuergeldern. »Die Milliarden-Subventionen für herkömmlichen Strom zahlen wir über unsere Steuern – sie tauchen in keiner Stromrechnung auf«, so der Journalist Franz Alt.[45] Die Kosten für die Energiewende hingegen bekommt jeder Haushalt dick und fett aufs Butterbrot geschmiert. Das sorgt für (den gewünschten) Unmut bei den Verbrauchern.

KONSUMENTEN-NAVI

Haben Sie sich mal überlegt, mit welchen Summen der Kohleabbau subventioniert wurde und wird? Wer die Endlagerung radioaktiver Abfälle bezahlt? Und was ist mit der Reaktorsicherheit?

Würde nicht der Staat (finanziell der Steuerzahler!) die Risikohaftung für die Atomkraftwerke übernehmen, könnte kein einziger Meiler wirtschaftlich arbeiten. Mit anderen Worten: Würde man die indirekten Kosten von Kernenergie und Kohle auf den Strompreis umlegen, wären diese Energien um ein x-Faches höher als erneuerbare Energien. Selbst »The Economist«, das angesehenste Wirtschaftsblatt der Welt und ganz sicher kein Propagandablatt der Öko-Bewegung, bescheinigt der Atomkraft seit Jahren, sie sei zu teuer und zu unrentabel.

Je mehr Herumgetrickse und offensichtliche Ungerechtigkeiten es im Zusammenhang mit den Kosten für die Energiewende gibt, desto geringer wird die Bereitschaft des Einzelnen, für den Klimaschutz zu zahlen. Mit verunsicherten Bürgern ist eine konsequente Energiewende einfach nicht durchführbar. Was also macht der CDU-Umweltminister, diesmal pünktlich zum Auftakt des Wahljahres 2013? Er verspricht den Bürgerinnen und

Bürgern, die Ökostrom-Umlage zwei Jahre lang einzufrieren. Die Kosten dafür wolle er gerecht auf alle Schultern verteilen, um die privaten Haushalte zu entlasten. Und die SPD, ganz Volkspartei, plappert Vox populi rasch nach ... Auch die Betreiber von Anlagen zur Gewinnung erneuerbarer Energie sollten zahlen (womit Altmeier & Co. den weiteren Ausbau der erneuerbaren Energien, sprich die Energiewende gleich mit einfrieren!) ebenso wie die energieintensiven Industrien, die bislang verschont wurden. Letztere haben natürlich gar nichts dagegen, auch ihren Beitrag zur Energiewende zu leisten, aber wenn man für den Stromverbrauch mehr zahlen müsse als jetzt, gefährde das den Wirtschaftsstandort Deutschland und Zigtausend Arbeitsplätze. Bong, da ist sie wieder, die Arbeitsplatzkeule, mit der sich so herrlich Lobbykampf betreiben lässt ...

Zur Erinnerung: Die heiß debattierten Energiewendekosten aufgrund von Ökostrom-Umlage und Zertifikaten machen nur etwas mehr als 50 Prozent der Strompreiserhöhungen seit 2003 aus (Energiewende-Kosten-Index EKX des Öko-Instituts)[46]; denn der Strompreis wird nach wie vor ebenso durch steigende Preise bei fossilen Brennstoffen beeinflusst sowie durch die genannte Entlastung großer Stromverbraucher. Die EEG-Umlage, so das Öko-Institut, sei als energiepolitischer Bewertungsindikator allein deshalb ungeeignet, weil sie die preisdämpfende Wirkung der im EEG geförderten Strommengen im Großhandelsmarkt nicht berücksichtige. So absurd es klingen mag – hat man doch stets die Klagen der Industrievertreter wie einen Ohrwurm im Ohr –, aber die Großindustrie zählt deshalb sogar zu den Gewinnern der Energiewende: Nicht nur, dass sie von der Ökostrom (EEG)-Umlage befreit ist – wofür manch ein Unternehmen auch schon mal bewusst seinen Stromverbrauch hochkurbelt, um die Schwelle zur Befreiung zu erreichen –, zudem sank der Strompreis an der Strombörse dank des »Merit-Order-Effekts« beim Einspeisen erneuerbarer Energien.

Und drittens: Energieintensive Unternehmen sollen dafür bezahlt werden, wenn sie ihren Stromverbrauch kurzfristig drosseln, um bedrohliche Engpässe im Stromnetz abzufangen. Je Megawatt Abschaltleistung gibt's 1.667 Euro. Das kostet bei den bundesweit veranschlagten 3.000 Megawatt pro Monat fünf Millionen Euro. Monatlich. Da wäre es auf Dauer ja wohl billiger, in den Ausbau von Stromnetz und Speicherkapazität zu investieren. Ach so, dreimal dürfen Sie raten, wer diesen finanziellen Anreiz – per Strompreis – bezahlen wird. »Das ist der Preis für die Planlosigkeit der Regierung«, so Volker Quaschning.[47]

Noch ein Beweis für eben diese Planlosigkeit gefällig? Während die Förderung der Solarenergie gebremst wird, geht es beim Ausbau der Offshore-Windanlagen voran. Warum aber sprechen sich Herr Rösler und seine FDP nach jahrelangem Dagegenhalten plötzlich für deren Ausbau aus? Ein Sinneswandel? Mitnichten: Die großen Stromkonzerne haben sich den kostenintensiven Bereich gekrallt, um den genossenschaftlichen Windkraftanlagen an Land Paroli zu bieten. Und dabei werden sie kräftig vom Staat unterstützt, zum einen durch die deutliche Erhöhung der Vergütung für Offshore-Windenergie, zum anderen durch das »Leitungsbeschleunigungsgesetz« für den erforderlichen Bau der riesigen Leitungen. Damit hat die Regierung gleich zwei Fliegen mit einer Klappe geschlagen: Konzernberuhigung und verzögerte Energiewende; denn der Ausbau von Offshore-Windkraftanlagen dauert viel länger als der Ausbau von Solar- und Windenergie an Land. Mittlerweile sind zwar auch etliche Windparks in der Nordsee fertiggestellt. Doch die Flügel der Windräder stehen in Segelstellung und arbeiten nicht, während über einen Windmesser permanent die Menge an Energie gemessen wird, die sie produzieren *könnten*. Was fehlt, sind die Transformatorplattformen nebst Hochspannungsleitungen, um die Energie vom Wasser aufs Land zu bringen. Der Konzern TenneT, der zu 100 Prozent in Besitz des niederländischen Staates ist und den Zuschlag bekommen hatte, die fehlenden 25 Anlagen zu bauen und zu betreiben, hat jedoch festgestellt, dass *jede* dieser 25 Plattformen eine Milliarde Euro kosten würde. Nun hat das Unternehmen sein Angebot zurückgezogen. Pech für die Bundesregierung, denn die Vergütung der Windparkinvestoren erfolgt anhand der bereits laufenden Windmesser. Egal, ob Strom produziert wird oder nicht. Das heißt: Es fließt zwar eine Menge Geld an die Erbauer, aber kein Windstrom in unsere Netze ... Muss die Bundesregierung also selbst die erforderlichen 25 Milliarden Euro in die Hand nehmen, um dieses Kostenleck zu stopfen?

Aber auch in den Reihen der Solarenergiebefürworter gibt es inzwischen ökonomische Egoismen, die der ökologischen Energiewende in den Rücken fallen: Nachdem viele deutsche Solarmodulhersteller dank staatlicher Förderungen bombig verdient haben, pochen sie nun aus Angst vor billigen chinesischen Solarmodulen auf Einfuhrzölle. Fraglos versuchen sie damit, ihre eigene Marktfähigkeit und Arbeitsplätze in ihren Unternehmen zu sichern. Doch gleichzeitig wird der Bau von Solaranlagen in Deutschland so teuer und damit so unrentabel, dass viel weniger Anlagen gebaut werden.

> **KONSUMENTEN-NAVI**
> Eine Solaranlage auf dem Dach ist in der Anschaffung wahrlich kein Klacks. Doch nach zehn Jahren rechnet sie sich – auch ohne staatlich garantierte Einspeisevergütung – und macht ihren Besitzer unabhängig vom Strompreis.
> Ganz anders bei Öl-, Gas- und Fernwärmeheizung: Keine von ihnen wird sich irgendwann rechnen.

Es stimmt, die Energiewende ist ein hartes Stück Arbeit, für jeden von uns. Aber spätestens unsere Kinder und Enkel werden davon profitieren – ökologisch wie ökonomisch ...

Wegweiser

- GEOBIO-CENTER der LMU München: Prof. Florian Siegert und sein Team versuchen, mit dem intakten Regenwald einen ökonomischen Wert zu verknüpfen. Denn nur so ist die Industrie für Umweltprojekte zu ködern.
  Die Idee: Wer in der Industrie CO_2 freisetzt, muss zum Ausgleich CO_2-Anteile am Urwald kaufen. Siegert und sein Team haben deshalb eine Methode entwickelt, die gespeicherte CO_2-Menge von Regenwald inklusive Torfboden zu errechnen. (www.rssgmbh.de)
- Der Ort Feldheim in Brandenburg ist energieautark, »weil die Menschen es wollten«, so der Bürgermeister Michael Knape.
- Zum Schluss eine Frage aus dem Nähkästchen: Warum führen wir eigentlich beim Strompreis keine Progression ein

wie bei der Einkommensteuer? Bis zu einem Verbrauch von x Kilowattstunden zahlt der Privatkunde zum Beispiel zehn Cent, danach 50 Prozent mehr, und ab einem Verbrauch von y Kilowattstunden zahlt er 100 Prozent mehr. Dann würden wir vielleicht mit Energie etwas vorsichtiger umgehen, oder?

6 Giftige Grüße aus Bangladesch: Die grausamen Deals der Bekleidungsindustrie

»Ich heiße Lima und arbeite seit drei Jahren und fünf Monaten als Näherin. Ich verdiene 2.400 Bangladeschi Taka [umgerechnet knapp 23 Euro]. Mit diesem geringen Gehalt kann ich meine monatlichen Ausgaben nicht finanzieren. Ich komme normalerweise gegen 22.15 Uhr nach Hause. In der Fabrik werden wir mit Arbeit zugeschüttet. Wir bekommen kein Trinkwasser und dürfen nicht auf die Toilette gehen. Wenn wir dringend nach Hause müssen oder sonstige persönliche Probleme haben, erhalten wir keine Papiere, um gehen und wiederkommen zu können. Uns wird gesagt, dass wir dann auch gleich für immer gehen können. Das Management versucht, unsere Gehaltsabrechnungen zu unseren Ungunsten zu manipulieren ... Wir stehen im Dunkeln. Vielleicht werden wir den Rest unseres Lebens in der Dunkelheit verharren.«

Die meisten Näherinnen in den großen Textilfabriken von Bangladesch, Pakistan, Kambodscha oder Indien arbeiten unter menschenunwürdigen Bedingungen – und doch ist es schwer, Frauen zu finden, die bereit sind, über die katastrophalen Zustände vor Ort zu sprechen. Zu groß ist ihre Angst vor Repressalien und dem Verlust des Arbeitsplatzes. Zu groß ist ihre Abhängigkeit. Selbst Mitarbeiter/innen ausländischer Nichtregierungsorganisationen wie FEMNET und Clean Clothes Campaign (CCC), die sich ein Bild von der Situation der Näherinnen machen wollen, werden von den örtlichen Behörden, bisweilen vom Geheimdienst persönlich, auf Schritt und Tritt beobachtet. Wie praktisch für all die gut betuchten Bekleidungsfirmen aus Europa und den USA: Als externe Auftraggeber müssen sie weder die Drecksarbeit machen noch befürchten, zur Rechenschaft gezogen zu werden. Aber genau hier liegt ein, wenn nicht das Grundübel in dem globalen Bekleidungswettbewerb, der den Unternehmen hohe Gewinnmargen, uns Käufern niedrige Preise und den Fabrikarbeitern Hungerlöhne und ein Leben am Abgrund beschert ...

Beispiel Bangladesch: Mit seinen 160 Millionen Einwohnern ist es das Land mit der höchsten Bevölkerungsdichte der Welt. Allein in der Hauptstadt Dhaka leben im Schnitt 7.000 Menschen auf einem Quadratkilometer (Berlin: 3.900 E/qkm). Arbeitsplätze sind Mangel-, Arbeitskräfte entsprechend »Massenware« – und die Textilfabriken nichts anderes als Legebatterien, in denen statt Eier Jeans und T-Shirts gelegt werden. Rund vier Millionen Frauen arbeiten in der Textilproduktion von Bangladesch. Sechs oder sieben Tage die Woche, zwölf Stunden täglich plus Überstunden. Für weniger als einen Euro am Tag. Laut Global Basic Income Foundation (GBI) leben sie somit in extremster Armut und müssen von diesem Wenigen oft noch Eltern, Mann und Kinder mit versorgen, wenn sie spätabends nach Hause kommen. Um eine Familie in Bangladesch ernähren zu können, wäre der Asia-Floor-Wage-Berechnung zufolge mindestens das Dreifache nötig. Die Arbeiterinnen werden aber nicht nur materiell ausgebeutet, sondern auch sexuell belästigt, gedemütigt, missbraucht und gesundheitsgefährdenden Arbeitsbedingungen ausgesetzt. Dass die Näherinnen sogar in Lebensgefahr schweben, zeigen nicht zuletzt die hohen Opferzahlen bei den zahlreichen Fabrikbränden. Im Dezember 2012 zum Beispiel kamen 112 Menschen zu Tode, weil die für Walmart, Disney etc. arbeitende Fabrik keine Fluchtwege besaß. Feuerlöscher? Feuertreppen? Freie Notausgänge? Die gibt es nur in den Vorzeigefabriken, um allzu neugierige Kritiker auszubremsen sowie Investoren und Auftraggebern ein ruhiges Gewissen zu verschaffen. Schließlich geht es der Regierung von Bangladesch darum, es sich nicht mit den internationalen Textilherstellern und -ketten zu verscherzen, sondern das Land als Industriestandort attraktiv zu halten. Dank seiner konstengünstigen Produktionsbedingungen hat Bangladesch es immerhin geschafft, sich nach China zum weltweit zweitgrößten Exporteur von Kleidung zu entwickeln. Doch die Textilindustrie ist leider auch die einzige Industrie im Land, die sich entwickelt hat, alle anderen liegen brach. Entsprechend buhlt Bangladeschs Regierung weiter um »foreign investment« in der Textilproduktion – und zwar mit ganz besonderen Anreizen: Außerhalb der großen Städte wurden eigens sogenannte Export Procession Zones (EPZ) eingerichtet, in denen das reguläre Recht ausgeschaltet wird: »Wenn ihr eure Hemden und Hosen hier nähen lasst, müsst ihr im ersten Jahr gar keine und im zweiten Jahr nur 50 Prozent der regulären Steuern zahlen.« Manche Unternehmen können aufgrund solcher EPZ-Sonderregelungen sogar fünf Jahre lang steuerfrei in Bangladesch produzieren lassen. Nicht minder verlockend ist folgendes Angebot: »In unserer Zone gibt es keine Gewerkschaft.« Höchstens ein sogenanntes Beschäftigtenkomitee, dessen Mitglieder nicht gewählt, sondern vom Management der Fabrik ernannt werden, oder eine Gewerkschaft, deren Vorsitzender gleichzeitig der Geschäftsführung einer Textilfabrik angehört ... Weder Steuern noch Widerstand: Das minimiert die Produktionskosten bei maximalem Output. Was will das Unternehmerherz mehr? Eigentlich nichts. Doch seit die internationale Textilbranche öffentlich ins Kreuzfeuer der Kritik geraten ist, spielen die Global Player immer öfter und immer professioneller auch auf der Sozialklaviatur ...

KiK, Lidl, Aldi, Metro, H&M, ZARA, Mango, Adidas, C&A, Puma, Otto, Benetton, Esprit, Tommy Hilfiger, Wrangler etc.

sowie viele Luxusmarken haben sich bislang nicht gerade mit Ruhm bekleckert, wenn es um Sozialstandards bei ihren asiatischen Zulieferern ging. Nicht selten wurde verhandelt und gemauschelt, was das Zeug hielt, um noch mehr an der Preisschraube zu drehen – und jede Verantwortung für die Zustände in den Textilfabriken von Bangladesch, Kambodscha oder Indonesien mit großer Geste von sich gewiesen. Gerne verkündet man auch im Brustton der Überzeugung, man bezahle schließlich immer den ortsüblichen Mindestlohn. Ein schlechter, ja, zynischer Witz. Denn von diesen rund 30 Euro monatlich kann kein Mensch leben. Auch nicht in Fernost ... Derweil gedieh das »So billig, so gut, so geil«-Prinzip bei uns Kunden hierzulande so prächtig, dass »Hauptsache billig« gewissermaßen zum Motto einer ganzen Konsumentengeneration wurde – völlig unabhängig vom Portemonnaie. Ein fataler Teufelskreis aus Marketing und Erwartung. »Vor 20 Jahren waren Textilien noch eine Domäne der Fachgeschäfte und Kaufhäuser«, sagt Andreas Bauer, Handelsexperte bei der Unternehmensberatung Roland Berger. »Heute wird das Geschäft – vom immer wichtiger werdenden Luxussegment abgesehen – ausschließlich vom Preis bestimmt. Wachstum gibt es lediglich im Niedrigpreissegment, ansonsten wird knallhart um Marktanteile gekämpft.«[48]

Was denken wir uns eigentlich, wenn wir bei H&M eine Jeans oder einen Bikini für 9,90 Euro kaufen? Offensichtlich gar nichts, sonst müsste uns eigentlich klar werden, dass es bei der Herstellung nicht mit rechten Dingen zugehen kann. Schon mal überlegt, was allein die Werbekampagnen von H&M kosten? Die Leuchttafeln an den Haltestellen? Die Ladenmieten in den besten Shopping-Lagen? Die Hochglanzkataloge? Die Materialien für so ein schickes Stretch-Teilchen? Was soll da bitte für die Frauen und Kinder übrig bleiben, die in den sogenannten

Sweatshops an den Nähmaschinen sitzen? Höchstens einstellige Cent-Beträge. Doch nicht nur Massenmarken wie H&M betreiben diese moderne Form der Sklaverei, sondern auch sündhaft teure Luxusmarken. Wenn es um Produktionskosten geht, ist plötzlich jeder Hauch von Stil, Klasse und Gewissen verflogen ... Aktuell macht der irische Textilhändler Primark seinen Rivalen auf dem deutschen Markt gewaltig Dampf; denn er hat inzwischen die Nase vorn. Jedenfalls bei dem gewinnträchtigen Balanceakt zwischen billig und modisch: Primark-Klamotten sind nicht peinlich, sondern cool. Insofern hat Primark das Discount-Konzept – möglichst günstige Beschaffung, überschaubares Sortiment (bei Primark z. B. nur die gängigsten Größen), geringe Personalkosten, extrem hoher Artikelumsatz – perfektioniert. Ethik inklusive. Das zumindest behauptet Primark-Chefin Breege O'Donoghue. Wenn man sich allerdings anschaut, wie bei den Textil-Discountern kalkuliert wird ...

Bruttopreis eines Herrenhemds beim Textil-Discounter: 5,99 Euro
Nettoumsatz (ohne Mehrwertsteuer): 5,03 Euro;
davon:
Herstellung und Transport (40 Prozent): 2,01 Euro
Personal (Overhead + Laden-Personal, 18 Prozent): 0,90 Euro
Marketing (7 Prozent): 0,35 Euro
Miete (15 Prozent): 0,75 Euro
Sonstiger betrieblicher Aufwand (5 Prozent): 0,25 Euro
Ebitda-Marge[49] (15 Prozent): 0,75 Euro[50]

... und berücksichtigt, dass Baumwollpreise und Frachtkosten in den letzten zwei Jahren gestiegen sind, dürften die Herstellungskosten die Schraube mit dem stärksten Gewinneffekt sein. Sprich: Primark kann noch so sehr betonen, fast gänzlich auf teure Werbung zu verzichten, um diese Kampfpreise anbieten zu können – ob die indischen und vietnamesischen Näherinnen deshalb statt eines Mindestlohnes einen existenzsichernden Lohn bekommen, ist mehr als fraglich. Zumal die Abhängigkeit der Lieferanten von derart (volumen-)starken Auftraggebern wie Primark, Otto Group, Tengelmann (KiK) und Aldi enorm ist. Das wiederum steigert die Verlockung aufseiten des fernen Auftraggebers, mal ein soziales Auge zu- und damit den Einkaufspreis noch etwas zu drücken. Hinzu kommt, dass die aktuelle Konzentration auf möglichst wenige Lieferanten dazu führt, dass diese ihrerseits Sub- und Subsublieferanten einschalten, um die vorgegebenen Lieferzeiten und -mengen überhaupt einhalten zu können. Und aus alledem hält Primark sich vornehm zurück? Very ethisch oder nur very clever? Auch andere Textilhändler haben die Zeichen der Zeit erkannt und versuchen (mehr oder weniger überzeugend), soziale Zeichen zu setzen. Mit freiwilliger Selbstverpflichtung zu Corporate Social Responsibility (CSR), Nachhaltigkeitsberichten, »grünen« Siegeln ... Denn Nachhaltigkeit und soziale Verantwortung sind en vogue. Bei vielen Modefirmen allerdings nur als scheinheiliges Accessoire. Der Nachhaltigkeitsbegriff zum Beispiel wird so lange zurechtgeschnitten und -drapiert, bis die Industrie damit leben kann, ohne viel an ihrer Strategie ändern zu müssen – und Nachhaltigkeit ein inflationärer Wischiwaschibegriff zu werden droht. Insofern lassen auch die Nachhaltigkeitsberichte vieler Unternehmen der Textilbranche – obwohl ein wichtiger Schritt in die richtige Richtung – zu wünschen übrig, was Transparenz und Informationsgehalt anbelangt. Das Positive kommt auf den Präsentierteller, weniger Erfreuliches unter den Teppich. Wenn sich KiK also damit brüstet, zwanzig Lieferanten in Bangladesch ein Training angedeihen zu lassen, lässt es

101

damit die übrigen schätzungsweise achtzig Lieferanten in Bangladesch einfach unter den Tisch fallen. Aber wen wundert's? Nachhaltigkeitsberichte sind nun einmal freiwillig – und so bleibt es den Unternehmen überlassen, welche Zahlen und Fakten sie wie darstellen. Selbst wenn sie sich wie Otto, Puma und KiK (!) den strengsten Kriterien für Nachhaltigkeitsberichterstattung, den Kriterien nach der Global Reporting Initiative (GRI), unterwerfen, tun sie damit erst einmal nichts anderes, als sich einen trendigen »grünen« Mantel überzuwerfen. Wie es darunter aussieht und zugeht, ob sie den Mantel hie und da lüpfen, bleibt Sache der Unternehmen. Darum bringt es kritischen Verbrauchern, die sich schnell informieren und vergleichen wollen, wenig, in diese Berichte hineinzulesen. Im Gegenteil, es besteht immer die Gefahr, der gezielten Schönfärberei auf den Leim zu gehen. Jedenfalls solange diese Berichte auf freiwilliger Basis entstehen.

KONSUMENTEN-NAVI

Unternehmenseigene Nachhaltigkeitsberichte sind bislang freiwillig – und damit wenig aussagekräftig.
Werfen Sie lieber mal einen Blick in den »Firmen-Check« der Clean Clothes Kampagne: www.cleanclothes.at und in die Resümees zu Firmen und Ländern auf www.aktiv-gegen-kinderarbeit.de.

»Letztlich ist jede freiwillige Selbstverpflichtung im Hinblick auf CSR ein Schuss in den Ofen«, sagt Dr. Gisela Burckhardt, Vorsitzende von FEMNET.[51] Viel wirkungs- und somit sinnvoller wäre eine gesetzliche Verpflichtung. Das weiß auch die Bekleidungsindustrie, die nicht müde wird zu betonen, dass man sich natürlich an die Gesetze halte. Was nichts anderes heißt, als dass jeder fromme Wunsch erst Gesetz sein muss, bevor er in die Tat umgesetzt wird ... Laut EU-CSR-Strategie ist Corporate Social Responsibility »die Verantwortung von Unternehmen für ihre Auswirkungen auf die Gesellschaft«. Und um genau diese Auswirkungen prüfen und vergleichen zu können, wäre eine rechtsverbindliche Transparenzpflicht vonnöten. Doch davon hält die schwarz-gelbe Bundesregierung offenbar herzlich wenig, denn sie blockiert die entsprechende Transparenz-Initiative der Europäischen Kommission bislang vehement. (Mit lieben Lobbygrüßen!?) Gisela Burckhardt, die sich in einer ausführlichen Studie die Nachhaltigkeitsberichte von Otto, Tchibo, KiK, Adidas und Puma vorgeknöpft hat, ist jedoch davon überzeugt, dass sich ohne eine solche *gesetzliche* Verpflichtung zur Offenlegung bestimmter Kriterien nichts an den Arbeitsbedingungen in den Zuliefererbetrieben ändern wird. »Müsste ich die verschiedenen Kriterien, über die ein deutsches Unternehmen berichten sollte, auf fünf reduzieren«, sagt Gisela Burckhardt, »würde ich folgende nennen:[52]

1. Anzahl der Produzenten/Fabriken/Zulieferer, die eine von den Beschäftigten frei gewählte Arbeitnehmervertretung/Betriebsrat haben – in Prozent zu allen Zulieferern. Kriterium: frei gewählte Arbeitnehmervertretung
2. Anzahl von Fabriken und Prozentsatz zur Gesamtzahl aller Lieferanten, die einen existenzsichernden Lohn für die Mehrheit (mind. 70 %) aller Beschäftigten bezahlen unter Einhaltung einer normalen Arbeitszeit von 48 Stunden/Woche (+ max. 12 Überstunden). Kriterium: existenzsichernder Lohn

3. Anzahl der Fabriken, die von einer Multistakeholder-Initiative (MSI)[53] ohne Voranmeldung überprüft worden sind und deren Prüfung einen hohen Grad (90 %) von ›Compliance‹ bei den Indikatoren des CCC-Verhaltenskodex[54] bescheinigt.
Kriterium: externe Überprüfung durch MSI

4. Investierte Gesamtkosten für die Weiterbildung von Lieferanten und deren Personal .
Kriterium: Kosten für Weiterbildung

5. Offenlegung der Namen aller Lieferanten und der Länder, wo das Unternehmen produzieren lässt.
Kriterium: Transparenz der Lieferkette«

Insbesondere mit dem dritten Kriterium (»externe Überprüfung durch MSI«) wäre ein weiteres Schlupfloch gestopft: Gerne verweisen Bekleidungsunternehmen voller Stolz darauf, sie würden in ihren Fabriken regelmäßig Audits durchführen, um die Sicherheits- und Sozialstandards zu gewährleisten. Dass die Prüfer jedoch von dem jeweiligen Unternehmen selbst bezahlt werden und damit nicht mehr unabhängig sind, lässt man geflissentlich außen vor. Ein Extrembeispiel, wie CSR-Blabla und Realität in der Textilbranche auseinanderklaffen können, ist der spanische Klamottenkonzern INDITEX. In Deutschlands Städten ist vor allem dessen Marke ZARA präsent. Auf der Unternehmenswebsite heißt es großspurig: »Inditex garantiert die Einhaltung des Code of Conduct in der gesamten Produktionskette. Die gesamte Gruppe beteiligt sich an diesen Bemühungen, die von der Corporate Social Responsibility (CSR)-Abteilung geführt werden. Um die oben genannten Compliance zu erreichen, hat Inditex ständige CSR-Büros in Indien, Bangladesch, der Türkei, China, Marokko, Brasilien, Portugal und Spanien. Diese Büros, in deren Teams sowohl interne als auch externe Profis arbeiten, bieten

und garantieren den Kunden innerhalb der Inditex-Gruppe ein
Markenprodukt, das bei maximaler Achtung der grundlegenden
Arbeitsnormen und unter den höchsten Anforderungen hergestellt ist, denen stetig Vorschriften hinzugefügt werden.«
Tatsächlich aber schert sich der Konzern offenbar so wenig um
die Arbeitssicherheit der Näherinnen in Dhaka, die für ihn Con-
tainerladungen voll sexy Shirts und heißen Hosen produzieren,
dass die Unternehmensinitiative BSCI entschied, die Grupo IN-
DITEX aus ihren Reihen auszuschließen. Und das will schon was
heißen. Denn in dieser »Business Social Compliance Initiative«
tummeln sich zig internationale und deutsche Firmen wie Aldi
Süd, Lidl und Otto Group, deren CSR-Stern ebenfalls nicht allzu hell glänzt. Kritiker sehen in dem BSCI deshalb einen reinen
Business-Club, der seinen Mitgliedern dazu verhilft, sich eben
jenen angesagten und somit werbeträchtigen CSR-Stern ans Re-
vers zu heften.
Und so wirbt der TÜV Rheinland für ein BSCI-Audit:
*»(...) Mit einem Audit nach BSCI setzen Sie sich nachdrücklich für
faire Arbeitsbedingungen in den Lieferländern ein. So zeigen Sie
Ihren Kunden und Geschäftspartnern, dass Corporate Social Responsibility in Ihrem Unternehmen gelebt wird. Gleichzeitig vermeiden Sie aufwändige Mehrfach-Auditierungen und schaffen sich
eine hervorragende Ausgangsbasis für eine spätere SA- 8000-Zerti-
fizierung. So sparen Sie Kosten und Zeit.*

Ihre Vorteile auf einen Blick
Mit einem BSCI-Audit durch TÜV Rheinland
- *erschließen Sie sich neue Marketingmöglichkeiten,*
- *legen Sie die Grundlage für zukünftige Handelsbeziehungen,*
- *stärken Sie das Vertrauen von Geschäftspartnern und Kunden,*
- *setzen Sie ein Zeichen für faire Produktionsbedingungen.«*

105

Noch Fragen?
BSCI-Initiator Michael Otto wollte sogar mit gutem Beispiel vorangehen: Begleitet von einem immensen Pressebrimborium posaunte der Konzern hinaus, man werde in Zusammenarbeit mit der »Bank der Armen« von Friedensnobelpreisträger Muhammed Yunus eine sozial-ökologische Textilfabrik in Dhaka bauen. Das war im November 2009. Bis heute ist von dieser Fabrik allerdings weit und breit nichts zu sehen. Unternehmer Michael Otto schiebt das Scheitern seines sozialen Vorzeigeprojekts zwar den Behörden und Bedingungen in Bangladesch in die Schuhe, doch dürften allein die vollmundigen Ankündigungen bereits seinen Zweck erfüllt haben: den Otto-Kunden ein gutes Gewissen und sich positive Publicity zu verschaffen. Die Näherinnen von Otto-Klamotten indes hoffen bislang weiterhin vergeblich auf einen Existenzlohn ...

Eine solche Zertifizierung, wie sie der TÜV Rheinland mit seinem BSCI-Audit feilbietet, ist ein ebenso beliebter wie verbreiteter Weg, sich den Verbrauchern von seiner sozialen Seite zu präsentieren. »Allerdings setzen die Unternehmen«, so Jürgen Knirsch, Greenpeace-Experte für nachhaltigen Konsum, »zunehmend auf Label, die nicht unbedingt die Standards anstreben, die heute eigentlich gängig sind. Hier wird bewusste Augenwischerei durch löchrige Labels betrieben.«[55] In der Textilbranche sind deshalb vor allem jene Siegel gefragt, die »nach was aussehen« und beim Kunden Eindruck schinden, die aber nur einen oft nicht einmal erkennbaren Aspekt abdecken. Zu diesen gehört eindeutig das Siegel:

Denn es besagt nur, dass das Produkt vor dem Export gewaschen wurde, damit die zarte Verbraucherhaut weniger Schadstoffe abbekommt. (Kinderkleidung sollte vor dem ersten Tragen trotzdem noch mal gewaschen werden.) Wer die Schadstoffe allerdings voll abbekommt, sind die Näherinnen, die das giftige Zeug permanent einatmen und berühren. Gehen Sie mal mit offener Nase zu H&M oder New Yorker: Selbst die Verkäufer/innen dort sind einem Geruch ausgesetzt, der alles andere als gesund anmutet. Die US-amerikanische Inmarke Abercrombie & Fitch hat dieses Problem einfach dadurch gelöst, dass in und vor den Läden ihr hauseigenes Parfüm versprüht wurde – allerdings in solchen Mengen, dass das Unternehmen schließlich wegen Luftverpestung Ärger z. B. mit Münchner Behörden bekam.

Wenn Schadstoffe vor dem Export der Kleidungsstücke ausgewaschen werden, bedeutet das gleichzeitig eine massive Attacke auf die Umwelt in Dhaka, Karatschi oder Ho-Chi-Minh-Stadt. Die Modehersteller, so die Chemie-Expertin von Greenpeace Christiane Huxdorff, würden weltweit Flüsse als private Abwasserkanäle missbrauchen und so das Trinkwasser von Millionen von Menschen verschmutzen.[56] Taufen wir das Label also lieber gleich um in »Ego-Tex 100«. Und die Käufer der frisch gewaschenen und zertifizierten Klamotten aus Fernost? Die werden zu Helfershelfern in diesem schmutzigen Geschäft. Im Jahr 2011 kauften die Deutschen laut Greenpeace-Studie übrigens fast sechs Milliarden Kleidungsstücke und häuften nebenbei einen Textilmüllberg von einer Million Tonnen an. Und da in Kleidung viele Chemikalien erlaubt sind, die man anderswo längst aus dem Verkehr gezogen hat, sogenannte textile Ausrüststoffe für den Tragekomfort, gelangen diese bei jeder Wäsche, aber spätestens bei der Entsorgung auch in unser Ökosystem ...

Eigentlich müsste in jedes Kleidungsstück ein Fähnchen eingenäht werden, auf dem die enthaltenen Giftstoffe aufgelistet sind – zumal auch Luxusmarken wie Chanel und Prada nach wie vor voll auf dem Chemietrip sind. Angefangen bei den chemischen Keulen, mit denen die Baumwollfelder bombardiert werden (während die Arbeiter ohne jeglichen Schutz dort arbeiten), über die Farbstoffe bis hin zum extrem schädlichen Bleichprozess (z. B. für den Used-Look bei Jeans). Ein Giftcocktail, der alle belastet, die mit der Klamotte zu tun haben: Baumwollpflücker, Textilarbeiter, Verkäufer, die stolzen Kunden und die Umwelt.

 KONSUMENTEN-NAVI
Setzen Sie ein Zeichen:
Verzichten Sie konsequent auf Kleidungsstücke mit dem Vermerk »Separat waschen«, »Vor dem Tragen waschen«, »Bügelfrei« oder »Knitterfrei«. Zumal diese besonders viele krebserregende und hormonell wirkende Giftstoffe enthalten dürften. Schwarze Textilien sind übrigens mit bis zu 400 teils extrem toxischen Chemikalien belastet.
Tipp:
Auf greenpeace.de finden Sie einen ausführlichen Überblick über die gängigen Textil-Label samt Beurteilung.

Inzwischen gibt es wohl nur noch wenige Konsumenten, die das Fairtrade-Siegel nicht kennen.

Ob an Kaffee, Schokolade, Saft oder Baumwoll-T-Shirt ... Ziel der Fairtrade-Politik ist es, ein Produkt aus armen Ländern auf den Massenmarkt zu bringen, um die Verhältnisse in den Produktionsländern zu verbessern. Diese fraglos gut gemeinte, aber einseitige Perspektive auf ein Produkt führt dazu, dass hiesige, unfair agierende Unternehmen einzelne Fairtrade-Produkte im Sortiment haben, mit denen sie den Unternehmensumsatz insgesamt ankurbeln. Unabsichtlich stützt das Fairtrade-Siegel auf diese Weise unfaires Geschäftsgebaren. Beispiel: Auch Lidl, wahrlich kein Mitarbeiterwohltäter vor dem Herrn, aber immerhin Träger des Fairtrade-Awards 2012, hat inzwischen vereinzelt Kleidungsstücke aus Fairtrade-zertifizierter Baumwolle auf Lager, um sein Image auch in Kleidungssachen wieder aufzuhübschen. Denn im Jahr 2011 wurde Lidls »fair gehandelte Kleidung« aus Bangladesch als unfair produziert enttarnt: Nachtarbeit, unbezahlte Überstunden, Niedrigstlöhne, Misshandlungen. Daran dürfte sich im Hinblick auf die meisten von Lidl vertriebenen Klamotten (Eigenmarke: Esmara) immer noch nicht allzu viel geändert haben – trotz aus Fairtrade-zertifizierter Baumwolle hergestellter Sweatjacken. Gutgläubige mögen das als ersten Schritt sehen, Realisten als das, was es in meinen Augen ist: Greenwashing vom Feinsten. »Die Masse unserer Ware ist unter unfairen bis menschenverachtenden Bedingungen hergestellt, aber ein einsames Jäckchen mit Fairtrade-Zertifikat wird unsere schmutzige Weste weiß waschen, unser Image grün – und (Pardon!) den verantwortungsvollen Kunden zum Narren halten.« Den Vogel des Zynismus aber hat Lidl abgeschossen, als das Unternehmen damit prahlte, zwei mobile Kliniken in Bangladesch zu betreiben, die bereits 25.000 Mitarbeiter/innen behandelt hätten. Die »Behandlung« bestand jedoch in wenig mehr, als den völlig erschöpften Arbeiterinnen Vitamintabletten zu verabreichen, um die Krankenrate zu reduzieren. Schließlich können gesunde Näherinnen besser und schneller arbeiten als kranke ...

Anders als Fairtrade geht die Fair Wear Foundation (FWF) ganzheitlicher vor, indem sie das gesamte Unternehmen hinsichtlich sozialer Standards unter die Lupe nimmt.

Also auch dessen Organisationsstruktur und Einkaufspolitik. Und anders als bei der fragwürdigen BSCI handelt es sich bei der FWF um eine Multistakeholder-Stiftung aus NGOs, Gewerkschaften und Wirtschaftsverbänden, deren Mitgliedsunternehmen – inzwischen sind es 75 Firmen – jedes Jahr einer internen und alle drei Jahre einer externen Kontrolle unterzogen werden. Transparenz wird bei der in Amsterdam ansässigen FWF großgeschrieben. Dennoch gibt es auch bei der Fair Ware Foundation einen Wermutstropfen: Seit 2011 ist Takko ebenfalls FWF-Mitglied – mit der Begründung: Die wollen ja. Nun hat der Textil-Discounter, der im November 2012 noch einmal Negativschlagzeilen machte, weil er – ähnlich wie einst Ikea DDR-Häftlinge für sich arbeiten ließ – seine Billigklamotten in chinesischen Gefängnissen produzieren ließ, drei ganze Jahre Zeit, sich den FWF-Standards anzupassen. Aber ebenso lange darf sich Takko auch schon mal mit der FWF-Mitgliedschaft schmücken. »Fairarsche« oder echtes Umdenken?

Ja, es ist leicht, mit dem Finger auf all die anderen zu zeigen: die »Geiz-ist-geil«-Kunden, die profitgierigen Hersteller, die untätigen Politiker, die korrupten Billiglohnländer. Aber wie verhalte ich mich selbst? Wie oft kaufe ich ein neues T-Shirt, obwohl ich schon zehn in derselben Farbe im Schrank habe? Vielleicht würde es helfen, den entsprechenden Textilien einen Sticker anzuheften mit der Aufschrift: »Hergestellt unter unmenschlichen und umweltzerstörerischen Bedingungen.« Dann würden wir unsere Klamotten tragen und reparieren, bis sie auseinanderfallen. Vermutlich gäbe es einen Boom des Secondhandmarktes statt containerweise Wegwerfkleider ...

KONSUMENTEN-NAVI
Die Modeindustrie – kräftig assistiert von den Lifestyle-Magazinen – will uns ständig neue Trends andrehen und zum Dauerpowershoppen animieren. Damit widerspricht sie dem Nachhaltigkeitsgedanken wie kaum eine andere Industrie. Brauchen wir wirklich für jeden Frühling, Sommer, Herbst und Winter eine neue Kollektion? Wo bleibt da der Individualismus, auf den wir sonst so viel Wert legen? Nur tote Fische schwimmen mit dem Strom ...

Wegweiser

- Eine wirklich nachhaltige Alternative: Secondhandkleidung (vor allem für Kinder, die immer in null Komma nichts aus ihren Hosen, Schuhen und Pullovern herausgewachsen sind).
- Die niederländische Marke K.O.I (Kings of Indigo) produziert möglichst nachhaltige, vor allem langlebige Jeans aus biologischer und recycelter Baumwolle. Chef Tony Tonnaer: »Nachhaltigkeit ist nichts Besonderes. Es ist normal.«[57]
- Selbst Marken, die wie Nudie Jeans und Kuyichi mit ihren Öko-Jeans werben, kommen ihrer sozialen Verantwortung während des Produktionsprozesses nicht immer nach. Das Öko-Institut untersucht zurzeit, inwieweit es realisierbar ist,

ökologische *und* soziale Kriterien für mehrere Produktgruppen unter einem Label zusammenzufassen. [Kontakt: Öko-Institut e. V., Geschäftsstelle Freiburg, Tel.: +49 761 45295-252, E-Mail: j.teufel@oeko.de].

- Tchibo und PVH (Tommy Hilfiger, Calvin Klein) sind die ersten Modeunternehmen weltweit, die sich seit Kurzem an einem umfassenden Brandschutzprogramm in Bangladesch beteiligen. Dieses Programm, das die unterzeichnenden Firmen zu unabhängigen Gebäudeinspektionen und Schulungen über Arbeiter/innenrechte, zur Publikation von Zuliefererlisten und der Verbesserung von Sicherheitsstandards verpflichtet, wurde von diversen NGOs in Zusammenarbeit mit örtlichen Gewerkschaften und Arbeitsorganisationen ins Leben gerufen.

- Puma bringt ab Frühjahr 2013 eine Öko-Kollektion heraus.

- Der Schuhhersteller Snipe hat sich auf die Fahnen geschrieben, so ökologisch, nachhaltig und gesundheitsbewusst wie möglich zu produzieren (www.snipe.com).

- Rundum-Vorbild G-Star: Die Marke hat – auf Druck von Greenpeace und der Clean Clothes Campaign (CCC / Kampagne für Saubere Kleidung) – erklärt, sowohl auf schadstofffreie Produktion umzusteigen als auch auf die Umsetzung von internationalen Arbeitsstandards in den Textilfabriken zu achten.

- Vom Gift- zum Grünlabel: Valentino hat sich Anfang 2013 zum Detox-Programm[58] von Greenpeace verpflichtet.

- Julia Starp, Deutschlands einzige komplett nachhaltig und umweltfreundliche Mode-Designerin (www.juliastarp.net).

- TV-Dokumentationen: »Blood, Sweat and T-Shirts« (Episode 1–4, BBC, 2008), »Der Preis der Blue Jeans« (NDR, 5.3.2012) sowie »Todesfalle Textilfabrik« (NDR, 27.11.2012).

7 Der Deutschen heiligste Kuh: Die lukrativen Lügen der Autolobby

»Man kann ein Auto nicht wie ein menschliches Wesen behandeln.
Ein Auto braucht Liebe.«
Walter Röhrl, ehemaliger Rallye-Weltmeister

Böse Zungen behaupten, in Deutschland würden Autos besser behandelt als Kinder. Die müssen im Prinzip in der Garage bleiben, damit die Autos draußen spielen können. Und zum Spielen bevorzugt man hierzulande Fahrzeuge des Premiumsegments. Das hat uns die stolze Autoindustrie per milliardenschweren Werbe- und Marketingkampagnen erfolgreich eingebläut. Mit 150 PS steht es sich einfach viel schöner im Stau als mit schlappen 75. Und mit schweren Geländelimousinen schleicht es sich viel angenehmer durch die Innenstädte als mit einem popeligen Kleinwagen. Tatsächlich sind fast 50 Prozent der Strecken, die in Deutschland per Auto zurückgelegt werden, kürzer als fünf Kilometer.[59] Dafür brauchen wir PS-Monster? Tempolimit, globale Erwärmung, schmelzende Polkappen, Treibhausgase, Ölkatastrophen à la Deepwater Horizon ... Ganz im Sinne von »Nach mir die Sintflut« werden so unliebsame Diskussionen eisern ignoriert oder wegargumentiert, sowohl seitens der Automobilindustrie als auch seitens der Millionen Hobby-Vettels, die das Motto »Freie Fahrt für freie Bürger« bis zu Dauerstau und Luftverpestung verinnerlicht haben.

Eine Physikerin namens Dr. Angela Merkel behauptete vor nicht allzu langer Zeit und allen Ernstes bei einem Auftritt auf der

Internationalen Automobil-Ausstellung (IAA), umrahmt von CEOs deutscher Autokonzerne, ein Tempolimit auf deutschen Autobahnen würde in Bezug auf Spritsparen nichts bringen. Aha?! Ich war ja in Physik nie besonders gut, aber dass ein Auto bei 120 km/h weniger Benzin schluckt als bei 160 km/h, das habe sogar ich begriffen und an diversen Tanknadeln beobachten können ... Warum bloß blockiert die Autonation Nr. 1 mit allen Mitteln, Tricks und Ausreden echte Innovationen bei der Automobilität?

> *»Bei einem einzigen Autohersteller in Deutschland gibt es mehr Leute, die aufpassen, was wir [VCD] tun, als bei uns überhaupt Leute im Bereich Auto arbeiten.«*
> Gerd Lottsiepen, verkehrspolitischer Sprecher des ökologisch orientierten Verkehrsclubs Deutschland (VCD)[60]

Autos made in Germany sind echte Exportschlager.[61] 2010 exportierten die deutschen Autohersteller Fahrzeuge und Kfz-Teile im Wert von 159,4 Milliarden Euro. Vor allem die dicken Schlitten mit hohen PS-Zahlen und viel Elektronikschnickschnack haben es den wohlhabenden Chinesen, Amis und Russen angetan. Von den 4,5 Millionen Pkw, die 2011 ins Ausland verkauft wurden (das sind übrigens mehr als jemals zuvor)[62], haben sich allein die Chinesen über eine halbe Million Spritschlucker in ihr aufstrebendes, aber leider smoggeplagtes Land geholt. Tendenz steigend. Und die Deutschen? Die beruhigen derweil ihr grünes Gewissen mit Biosprit und – jetzt kommt's – mit der Energieverbrauchskennzeichnungsverordnung. Das 2011 eingeführte CO_2-Label für Pkw ist nach den Effizienzklassen A bis G eingeteilt. Kennen wir so ähnlich von Waschmaschinen und Kühlschränken. Angeblich soll der potenzielle Käufer eines Neuwagens an dem Label erkennen, wie effizient ein Auto ist, wie viel Sprit es verbraucht und wie hoch der CO_2-Ausstoß ist. Doch von wegen mehr Transparenz im Sinne einer umweltbewussten Kaufentscheidung. Im Gegenteil: Dieses CO_2-Label ist nämlich nicht nur harmlose Augenwischerei, sondern eine gezielte Irreführung des Verbrauchers und ein Rückschritt in Sachen Klimaschutz. Das hängt mit der Bezugsgröße bei der Berechnungsformel zusammen: Gewicht und CO_2-Ausstoß. Demnach ist ein knapp 2,5 Tonnen schwerer Luxusgeländewagen mit einem CO_2-Ausstoß von 189 g/km energieeffizienter als ein Kleinwagen von 950 Kilo, der nur 105 g/km CO_2 in die Luft pustet. Sind eben echte Rechenkünstler, diese Autohersteller – vor allem, wenn es darum geht, den Konsumenten teure Autos unterzujubeln. Denn mit dem rein rechnerischen »grünen Mäntelchen« liefern sie einen Anreiz, verbrauchsintensive Fahrzeuge zu kaufen. So wird Deutschland jedenfalls mit Pauken und Trompeten am CO_2-Ziel der Europäischen Kommission vorbeirasen. Denn dieses sieht aktuell einen durchschnittlichen CO_2-Grenzwert für Pkw von 95 g/km bis 2020 vor. »Ich gehe davon aus, dass die Autohersteller den Wert von 95 schaffen können, wenn sie durch den Grenzwert verpflichtet werden. Wenn!«, sagt Gerd Lottsiepen vom VCD. »Inzwischen aber versuchen die Autohersteller, den Wert von 95 g/km durch Super Credits zu verwässern.« Super Credits? Das sind Rechenexempel à la »Jedes verkaufte Elektroauto zählt *doppelt* bei der Berechnung des durchschnittlichen CO_2-Ausstoßes meiner Flotte«, sprich ein mieser, von Regierungsseite jedoch abgenickter Trick, um die CO_2-Gesamtbilanz der Autobauer grünzurechnen.

> **KONSUMENTEN-NAVI**
> Augen auf beim Autokauf – aber weggeschaut bei der fadenscheinigen Effizienzklasse. Was zählt, ist einzig und allein die Höhe des CO_2-Ausstoßes.

»Hubraum kann nur durch noch mehr Hubraum ersetzt werden.«
(Aufkleber auf einem Münchner Porsche Cayenne, gesehen 2010)

1912: Tausende Elektroautos schnurren durch die Städte der USA. Aber auch in Asien und Europa erfreuen sich die leisen, mit Strom betriebenen Automobile großer Beliebtheit – während der stinkende Benziner auf der Strecke bleibt. Er gilt mit seinem unpraktischen Kurbelantrieb und seinem gefährlichen Treibstoff als »die Hölle auf Rädern«. Das Elektromobil hingegen ist so leicht zu bedienen und so gut ausgestattet – manch eines kann sogar mit einer Fußheizung aufwarten –, dass es nach wenigen Jahren den Stempel »Frauenauto« verpasst bekommt. Tja, und hier kann der Benziner nun wieder punkten: mit Geknatter und Gestank – wie heute die Formel-1-Rennwagen. Lärmend. Sportlich. Dreckig. Männlich. Und als schließlich ein Herr Kettering aus Ohio/USA den elektrischen Anlasser erfindet, hat der Benziner endgültig die Nase vorn.

2012: Von den knapp 43 Millionen Autos auf Deutschlands Straßen – hinzu kommen noch mal acht Millionen Motorräder, Lkw und Busse – sind spärliche 0,01 Prozent Batterie- respektive Elektroautos. Zwar gilt das Elektroauto inzwischen als das eindeutig klimafreundlichere Gefährt, aber konkurrenzfähig ist es deshalb noch nicht. Noch *lange* nicht? Das hängt auch davon

Abschließend noch etwas aus dem Nähkästchen: Vor einigen Jahren, Al Gore machte gerade Furore mit seiner »unbequemen Wahrheit«, wurde ich als Laudator zur »Echo«-Verleihung nach Berlin eingeladen. Als Musikfan sagte ich zu. Als ich am ICC eintraf, war ich beeindruckt: Die Veranstalter hatten einen Deal mit VW gemacht und ließen als Umweltsignal sämtliche Promis im Polo Blue Motion zum roten Teppich karren. Das machten alle gerne mit, selbst internationale Acts wie Billy Talent und Bono. Nur eine Firma zickte herum: der hanseatische Ableger eines großen US-Labels. Die deutschen Manager weigerten sich, ihren deutschen Star in einer so unglamourösen Nuckelpinne vorfahren zu lassen ... Wie war das noch mal mit der Sintflut?

Wegweiser

- Carsharing – gibt es inzwischen auch mit Elektroautos. In größeren Städten findet das Autoteilen immer mehr Anhänger.
- Ob sich CO_2-Emissionen mit dem Einsatz von E-Autos weiter drosseln lassen, untersucht seit Herbst 2012 eine auf drei Jahre angelegte Studie des Öko-Instituts.
- Auch die großen Autohersteller wie Daimler und BMW wollen an dem Carsharing-Markt partizipieren.
- Für den Stadtverkehr sind auch E-Roller (Elektro-Scooter), wie sie BMW und Smart vorantreiben, eine denkbare Alternative. Allerdings sollte man stets daran denken, »grünen« Strom zu tanken.
- Seit Februar 2013 auf dem Markt: BMW i3 Concept, das Elektroauto von BMW.

- Zur Orientierung: VCD Auto-Umweltliste. Hier findet man die »Klimabesten«! 2012/2013 sind das übrigens der Toyota Yaris Hybrid und der Volkswagen eco up.
- Wie wär's mit einer Mitgliedschaft im ökologisch orientierten Verkehrsclub Deutschland (www.vcd.org) in Kooperation mit den »silbernen Engeln«?
- »Kein Auto zu haben ist oft ein Zugewinn an Lebensqualität – man muss es nur mal ausprobieren.« (Gerd Lottsiepen, VCD)

ab, wie das Tauziehen zwischen Klimaschutz- und Industriebelangen weitergeht. Denn solange die Anschaffung von E-Autos (mit Brennstoffzelle oder Batterie) unverhältnismäßig teuer und der Akku weder robust noch von hoher Speicherkapazität ist, werden sich potenzielle Autokäufer selbstverständlich für die preiswerte und praktischere Variante entscheiden. Was tun? Der Kostenhürde will die Autoindustrie durch Kaufprämien, die schwarz-gelbe Bundesregierung durch Steuererleichterungen zu Leibe rücken. Der ökologische Verkehrsclub Deutschland (VCD) hingegen plädiert für eine technikunabhängige Kaufförderung. Entscheidend sei, dass bei allen Autos Kraftstoffverbrauch und CO_2-Ausstoß deutlich sinken. Und die Technikhürde? Schließlich fährt heutzutage kaum ein Elektroauto mit einer Akkuladung weiter als 100 Kilometer. Alles andere wäre wegen des erforderlichen Riesenakkus viel zu schwer und viel zu teuer. Angegebene Reichweite 150 Kilometer? Okay. Aber nur, wenn Sie ohne Licht fahren und nicht heizen ... Was nun, Frau Merkel? Die zückt einen Forschungszuschuss von einer Milliarde Euro, um diese vermaledeite Hürde aus der Welt schaffen. Das allein bringt jedoch wenig. Vielmehr muss das Gesamtkonzept aus Elektromobilität und Energiewende in sich stimmig sein. Denn ohne ausreichend sauberen Strom wäre ein E-Auto-Boom in Deutschland kein Gewinn – zumindest nicht für die Umwelt ... Aber vielleicht ist die Autoindustrie – ausnahmsweise – ja auch gar nicht so scharf auf dieses Merkel-Geld und die damit verbundene Verbesserung der E-Mobilität: Schließlich haben Elektroautos – abgesehen vom Akku – viel weniger Ersatzteilbedarf als Autos mit Verbrennungsmotor ... Und wer will sich schon selbst einen Geldhahn zudrehen? Zumal der Ersatzteilhandel inzwischen sogar ein fast konkurrenzloses Geschäft ist. Der Grund dafür ist ganz simpel: In den verschiedenen Automodellen findet man heute kaum noch kostengünstige Standard-, stattdessen überwiegend teure Marken-Ersatzteile. Das hält nicht nur den Preis konstant hoch, sondern macht es auch den »gelben und silbernen Engeln« oft schwer, liegen gebliebenen Fahrzeugen vor Ort neues Leben einzuhauchen. Schließlich können die mobilen Mechaniker ja nicht alle möglichen Ersatzteile von zig Modellen im Koffer haben. Aufgrund der vielen elektronischen Komponenten in heutigen Autos (Sitzheizung, elektrische Fensterheber, Hifi-Anlage ...) ist inzwischen allerdings eine schlappe Batterie die häufigste Pannenursache. Denn die Industrie hat es schlicht und ergreifend verschlafen, die Autobatterien technisch fortzuentwickeln und den aktuellen Anforderungen ihrer top ausgestatteten Modelle anzupassen. Wirklich verschlafen? Oder kalkulieren sie einfach nur geschickt? Hier eine neue Bremsscheibe, da eine neue Wasserpumpe und hie und da eben mal eine neue Batterie ... Warum sollten die Teile denn länger halten? Für die Autokonzerne und Werkstätten bedeutet Verschleiß = Verdienst.

KONSUMENTEN-NAVI

Sie benötigen ein Ersatzteil? Dann lassen Sie sich nicht abzocken, sondern fragen Sie in der Werkstatt nach einem sogenannten Identteil. Identteile sind nämlich qualitativ gleichwertig, aber wesentlich preiswerter – oft stammen sie sogar aus der gleichen Produktion.

Ja, es ist schon paradox: Vor hundert Jahren Standard, gelten Elektroautos heute allgemein als Zukunftsvision. Und funktionierende Elektromobilität wird auch Zukunftsmusik bleiben, wenn sich die Hersteller nicht einmal auf eine Steckersorte einigen können. Aktuell hapert es jedenfalls nicht nur an einem Gesamtkonzept in Verbindung mit der Energiewende und an einer sinnvollen Batterietechnik, sondern auch an Standardisierungen und planvoller Ladeinfrastruktur. Warum nur?

Heftiges Tauziehen und Gerangel gibt es – wen wundert's? – auch um den CO_2-Grenzwert. Laut Greenpeace wäre eine Begrenzung auf 80 Gramm CO_2 je Kilometer (g/km) klimapolitisch notwendig und technisch durchaus machbar. Im Sommer 2012 hatte sich die EU-Kommission immerhin und endlich dazu durchgerungen, den Grenzwert bis 2020 auf 95 g/km zu verschärfen. Das entspricht etwa vier Litern Sprit auf 100 Kilometern. Und was tut die deutsche Autoindustrie, die sich selbst als Nachhaltigkeitsweltmeister feiert? Sie legt sich ins Zeug. Allerdings nicht, um möglichst bald möglichst effiziente Autos auf den Markt bringen zu können, sondern um den Grenzwert möglichst hoch zu halten. Und wenn sie etwas kann, dann das: Bereits Mitte der 1990er-Jahre dachte die Europäische Union über die Festlegung eines Grenzwerts für den CO_2-Ausstoß bei Pkw nach. 120 g/km bis 2005, so die Idee. ›Aber nicht doch‹, sprachen da die Lobbyisten der Autoindustrie unisono, ›wer braucht denn gleich Gesetze? Das machen wir doch freiwillig. Unser Angebot: durchschnittlich 140 g/km bis 2008.‹ Diese Pokerrunde ging an die Lobbyisten. Doch – welch Überraschung – im Jahr 2008 betrug der Durchschnittswert bei Neuwagen immer noch 154 g/km … Da beschloss die EU, natürlich nicht ohne zuvor zähe Kämpfe mit der Industrie ausgefochten zu haben, die stufenweise Einführung eines Grenzwerts von 130 g/km – ab 2012 bis 2015. Im ursprünglichen Entwurf hatte übrigens 130 g/km bis 2012 gestanden und kein Wort von irgendwelchen Stufen. Sollte die Klagedrohung von Porsche im Jahr 2007 etwa Wirkung gezeigt haben? Statt sich also auf dem Weltmarkt mit sauberer zukunftsweisender Technologie zu positionieren, posiert die deutsche Autoindustrie lieber als Ewiggestrige: Industrie-Interessen vor Klima und Kunden. Ihr ausgekochter Plan war ein echter Schildbürgerstreich; denn dieser sah vor, dass nicht nur die Motoren zur Messung des Grenzwerts herangezogen werden, sondern auch Infrastruktur und Fahrverhalten. Sprich: Wer in seine Autos klimafreundliche Fahrer setzt, hat einen Bonus beim CO_2-Ausstoß des Motors?! Geht's noch absurder?

KONSUMENTEN-NAVI
Vorsicht bei der Spardiesel- und Hybrid-Lüge.
Beide Motorentypen werden als »Umweltautos« angepriesen. 2012 hat die Weltgesundheitsorganisation (WHO) eine umfassende Studie zum Thema Dieselabgase veröffentlicht: Sie sind stark krebserregend. Und wenn Porsche seinen Cayenne, Daimler seine S-Klasse und VW seinen Touareg als Hybrid auf dem Markt bringt, so ist das klassischer Greenwash. Man sehe sich nur mal den CO_2-Ausstoß dieser Fahrzeuge an und vergleiche diesen mit den Hybriden von Toyota und Honda. Die sind laut eines Ingenieurs der Entwicklungsabteilung von Porsche bei der Hybridtechnik Jahre weiter als die deutschen Hersteller. Bei der S-Klasse reicht der E-Motor des Hybridsystems für kaum mehr, als die Versorgung von Fensterhebern oder Klimaanlage.

»Für viele Männer ist Autofahren wie Sex:
Die Frau sitzt teilnahmslos daneben und ruft immer:
Nicht so schnell, nicht so schnell.«

Harald Schmidt

Kommen wir vom Gerangel um lästige CO_2-Grenzwerte zum Ringen um Partikelfilter für direkt einspritzende Benzinmotoren. »Alles viiiel zu teuer!«, urteilen die Controller in den Automobilkonzernen – während man bei den Managergehältern ein Auge zudrückt: VW-Chef Winterkorn verdient gut 14 Millionen Euro jährlich. Aber zurück zur Argumentation der Controller wider den Partikelfilter: Die dadurch entstehenden Mehrkosten würden nicht nur Arbeitsplätze bedrohen, sondern auch den Industriestandort Deutschland insgesamt. Genau. Und wenn ich einen Kirschkern runterschlucke, wächst mir ein Kirschbaum im Bauch. Die Wahrheit: Mögliche Mehrkosten, die von der Industrie an den Autokäufer weitergegeben werden, hat dieser nach etwa drei Jahren wieder »eingefahren«; denn ein geringerer Grenzwert bedeutet automatisch weniger Spritverbrauch. Auch direkt einspritzende Benzinmotoren verbrauchen weniger (20 g/km = rund 1 Liter Sprit), weshalb diese Technik auf jeden Fall ein echter Fortschritt ist. Problematisch ist jedoch, dass durch die Direkteinspritzung sehr viele, extrem kleine schädliche Partikel entstehen, die bislang ungefiltert in die Luft gepustet werden. Und da inzwischen immer mehr solcher sparsamen, aber gesundheitsschädlichen Motoren auf den Markt kommen, besteht dringender Handlungsbedarf. Technisch ließe sich das Problem recht unkompliziert lösen. Das Geheimnis heißt wie einst beim Dieselmotor: Partikelfilter. Aber wieder ertönt der »Zu teuer!«-Aufschrei seitens der Industrie. Zu teuer? Wirklich? Wir reden hier von etwa 100 Euro Mehrkosten. Und zwar für den Endkunden, der nun statt 12.800 Euro 12.900 Euro für einen neuen VW-Polo zahlen müsste. Warum aber sperrt sich die Industrie dann derart vehement gegen diesen Partikelfilter? Denn nicht nur, dass so ein Filter beim Benziner sogar preiswerter wäre als beim Diesel, zudem bestreitet die Industrie nicht einmal, dass das Partikelproblem existiert. Des Rätsels Lösung für ihre Blockade steckt in der traditionsreichen Ingenieurshierarchie der großen Autohersteller: Ungekrönte Könige sind hier die Motorenentwickler – und die verachten jede nicht motorimmanente Lösung. »Für viele dieser Motormänner ist ein Partikelfilter wie ein störendes Kondom am Direkteinspritzer«, so Gerd Lottsiepen vom VCD.

> *»Der Deutsche fährt nicht wie andere Menschen.*
> *Er fährt, um Recht zu haben.«*
> Kurt Tucholsky

Nun hat nicht jedes Auto einen direkt einspritzenden Benzinmotor, eine Klimaanlage aber haben sie fast alle. Diese Spritfresser par excellence gehören ja inzwischen zur Grundausstattung. Und 99 Prozent aller Auto-Klimaanlagen enthalten das Kältemittel Tetrafluorethan, kurz R134a. Das ist ein Treibhausgas mit einem Global-Warming-Potential-Wert (GWP) von 1430, das heißt, seine Treibhauswirkung ist sage und schreibe 1430-mal so stark wie bei CO_2. Seit 2011 dürfen laut EU-Richtline allerdings nur Treibhausgase mit einem GWP-Wert von maximal 150 in Klimaanlagen verwendet werden. Auch R134a ist deshalb verboten worden. Doch dieses Verbot gilt erst ab 2017! Die sogar von Umweltverbänden empfohlene und technisch mögliche Alternative: CO_2. Für diese sprach sich selbst VDA-Präsident Matthias Wissmann aus – bis Tetrafluorpropen, sprich R1234yf auf den Markt kam: großartiger GWP-Wert von 4,4 und wunderbar unkompliziert zu handhaben ... Die beiden US-amerikanischen Unternehmen Honeywell und DuPont gründeten rasch ein Joint Venture und ließen sich ihre Entdeckung sofort patentieren, denn sie witterten ein Milliardengeschäft. Zu Recht. Die Automobilkonzerne waren sofort Feuer und Flamme. Ist doch die Umstellung auf R1234yf technisch ein Klacks und ein Wechsel zwischen dem neuen teuren und dem alten preiswerten Kältemittel prinzipiell möglich. Damit war die umweltfreundliche, technisch aber aufwendigere Umstellung auf CO_2 erst einmal k. o. ... Wäre da nicht diese eine besondere Eigenschaft von Tetrafluorpropen: R1234yf ist entzündlich – und wenn es brennt, entsteht stark ätzende Flusssäure. R1234yf als Kältemittel in Autoklimaanlagen zu verwenden stellt also eine zusätzliche Gefahr für Unfallopfer und Rettungskräfte dar, insbesondere bei Unfällen in Tunneln. Dreimal dürfen Sie raten, wie die Autokonzerne auf entsprechende Warnungen der Deutschen Umwelthilfe (DUH) und des VCD reagierten ... Erst als Mercedes-Benz im Sommer 2012 interne Tests durchführte, die eigentlich die Ungefährlichkeit von R1234yf beweisen sollten, bekam man dort kalte Füße. Denn das Ergebnis lautete: Im heißen Motorraum kann sich das Kältemittel R1234yf nach Unfällen entzünden. Darum werden nun wieder sämtliche Mercedes-Klimaanlagen mit dem preiswerten Klimakiller R134a befüllt. Und jene Autohersteller, die an R1234yf festhalten? Die können nur hoffen, dass ihr Kältemittel nicht zu heiß wird – und dass Honeywell und DuPont lieferfähig bleiben; denn nachdem bereits ein japanisches DuPont-Werk durch das Erdbeben zerstört wurde, erhält ein neu gebautes Werk in China derzeit keine Betriebserlaubnis: Die Umweltauflagen seien nicht erfüllt. Wer hätte das von chinesischen Behörden gedacht ...

Druck auf die Politik übt übrigens nicht nur die Automobillobby aus, sondern auch die IG Metall. Ein Schelm, wer die dicke Freundschaft zwischen den Herren Wissmann und Huber damit in Verbindung bringt. Doch dass die Kernbelegschaft in der Automobilindustrie so gut verdient wie in keiner anderen Branche, könnte einem zu denken geben ... Ein »Problem« bei der hitzigen Diskussion um klimafreundliche Technologien ist deshalb auch, dass es den deutschen Autoherstellern wirtschaftlich so extrem gut geht.

KONSUMENTEN-NAVI
Werfen Sie doch mal einen Blick auf die aufschlussreichen Zahlen und Fakten des Verbands deutscher Automobilhersteller: www.vda.de.

Trotz Euro- und Wirtschaftskrise fährt man sogar Rekordgewinne ein – allerdings hauptsächlich dank des boomenden Marktes in den USA und China. Damit aber macht sich der »Hort des Kapitalismus«, die deutsche Automobilindustrie, abhängig von den ebenso undurchsichtigen wie unkalkulierbaren Entscheidungen der Kommunistischen Partei der Volksrepublik China. Mercedes-Benz lässt sich inzwischen sogar beflissen vor deren Propagandawagen spannen und sponsert den Parteitag der chinesischen Machtelite, die Menschenrechte unverändert mit Füßen tritt sowie Industriespionage und brutalen Raubbau an Rohstoffen betreibt ...

»Deutsche Autos sind größere Exportschlager
als Demokratie und Menschenrechte.«[63]

8 Was war zuerst da: die Krankheit oder die Arznei? Profitable Maschen der Pharmaindustrie

Die Ghostmanagement-Masche

»Die Hälfte aller modernen Medikamente könnte man aus dem Fenster werfen, bestünde nicht die Gefahr, dass Vögel sie fressen«, soll Voltaire geschimpft haben. Dem wäre heutzutage nur hinzuzufügen, dass es mittlerweile weit mehr als die Hälfte aller sogenannten Heilmittel ist, die wir sachgemäß entsorgen sollten.[64] Natürlich gibt es Medikamente, die Leben retten und Kranken wirklich helfen. Doch die Pharmaindustrie will mehr. Sie will abkassieren. Mit Pülverchen und Mittelchen, zu deren Konsum sie uns mit allen Tricks der Werbepsychologie und Vermarktungsstrategie animiert. Und ohne zu ahnen, dass wir von dieser milliardenschweren Branche mächtig an der Nase herumgeführt werden, schaden wir nicht nur unserem Geldbeutel und dem kaum mehr finanzierbaren Gesundheitssystem, sondern sogar unserer Gesundheit ... Gut zwei Jahrhunderte nach Voltaire konstatiert dann auch der Pharmakologe Prof. Peter Schönhöfer, seit 2001 Mitglied bei Transparency International: »Das Marketing der Pharmaindustrie ist vor allem darauf angelegt, Patienten in die Irre zu führen und zu täuschen.«[65] Wer zum Beispiel meint, in Deutschland gebe es noch zukunfts- und patientenorientierte Grundlagenforschung, der irrt. Inzwischen investieren Pharmaunternehmen mehr als viermal so viel Geld in ihr Marketing, sprich Werbung und Ärztebestechung wie in Forschung. Vor allem die aufwendige Langzeitforschung haben die

Chief Executive Officers (CEOs) und Vorstandsvorsitzenden der Pharmakonzerne nach und nach wegrationalisiert. Kein Wunder, schließlich sitzen auf diesen Posten schon lange keine Fachleute mehr, sondern häufig Ökonomen und Juristen mit Zeitverträgen. Ihr Augenmerk gilt daher den zeitnahen Boni und nicht der ebenso zeit- wie kostenintensiven Suche nach neuen Wirkstoffen. Bis Anfang der 1980er-Jahre konnten deutsche Arzneimittelproduzenten wie die Hoechst AG noch mit qualitätsvollen, also wirksamen innovativen Produkten aufwarten. Doch seit die neoliberale Profitorientierung das Ruder übernommen hat, ist für konzeptionelle Forschung kein Platz mehr. Stattdessen müssen die Pharmakonzerne innovative Produkte einkaufen oder – und darin besteht ihre Hauptbeschäftigung – zusammengeschusterte Eigenprodukte, die so gut wie keinen therapeutischen Mehrwert haben, als innovativ vermarkten ... und möglichst patentieren lassen. Denn solange ein Patent besteht, kann der Patentinhaber den Preis für das Medikament diktieren (für die Dauer von ca. 15 Jahren nach Verkaufsstart). Dafür wird die wissenschaftliche Information gerne auch mal so lange hin und her gedreht, bis sie die gewünschte Form angenommen hat. Im Fachjargon spricht man in diesem Zusammenhang von Ghostmanagement: Erst bekommt ein externer Schreiber den Auftrag, die Inhalte nach Wunsch der Firma zielführend aufzubereiten, dann wird ein käuflicher Wissenschaftler gesucht und bezahlt (!), der als »key opinion leader« (Meinungsbildner) fungiert und bereit ist, als offizieller Autor des Werks aufzutreten. Riecht ziemlich nach Irreführung oder gar Betrug, was? Ja. Aber wenn, dann nur nach Wissenschaftsbetrug. Und der ist in Deutschland – im Gegensatz zu anderen Ländern – nicht strafbar. Unterstützt wird die Pharmaindustrie dabei auch von den »Mietmäulern« mit Professorentiteln, die gerne »tingeln« gehen: Für gute Honorare und angemessene Aufwandsentschädigung sind sie durchaus bereit, auf Fachkongressen und ähnlichen Marketingshows der Hersteller das Medikament Hilftnixopharm der Fachöffentlichkeit als wichtigen Meilenstein in der Pharmaforschung unterzujubeln und seine Wirksamkeit in den höchsten Tönen zu loben.

Die Mischmit-Masche

Um bei neuen Produkten und Gesetzen möglichst freie Fahrt zu haben, versteht es die Pharmaindustrie wie kaum eine andere deutsche Industrie, ihre Fürsprecher und Interessenvertreter in den entscheidenden Gremien zu platzieren. Beispiel Novartis Vaccines: Nachdem Aventis 2004 von dem kleineren französischen Konkurrenten Sanofi übernommen worden war – mit tatkräftiger Unterstützung der französischen Regierung –, musste der neue Pharmariese seine Impfstoffsparte Behring aus kartellrechtlichen Gründen verkaufen. An Novartis. CEO dieses lukrativen neuen Geschäftszweiges wurde 2007 der Vorsitzende der Ständigen Impfkommission (STIKO). Bemerkenswert an diesem Schachzug der Novartis-Vorstände: Die STIKO ist Teil des bundeseigenen Robert-Koch-Instituts. Deren Mitglieder beraten die Regierung im Hinblick auf Impfempfehlungen und entscheiden somit über den Impfstoffabsatz der Pharmaindustrie. Gleichzeitig, so der Pharmakologe Prof. Schönhöfer, erhält die Mehrzahl der STIKO-Mitglieder materielle Zuwendungen seitens der Impfstoffhersteller oder von deren Agenten. Womit der Schulterschluss zwischen Bundesgesundheit(-sministerium) und Pharmaindustrie einmal mehr gestärkt worden sein dürfte. Oder ist es wirklich Zufall, dass Novartis und die AOK kurze Zeit später einen Exklusivvertrag über den Grippeimpfstoff Begripal (früher Begrivac) abgeschlossen haben? Zum Hintergrund: Die damalige Bundesgesundheitsministerin Ulla Schmidt wollte den Krankenkassen helfen, Geld zu sparen, und machte den Weg frei für Ausschreibungen. Das heißt, die Krankenkassen können mit dem Pharmaunternehmen, das für diesen oder jenen Wirkstoff die günstigsten Konditionen bietet, Exklusiv-, auch Rabattverträge genannt, abschließen. Da diese als Wirtschaftsverträge der Geheimhaltung unterliegen – haben Sie das übersehen, werte Frau Schmidt? –, stehen der Kungelei Tür und Tor offen ... »Und die Pharmaindustrie ist hervorragend beim Kungeln und Korrumpieren«, sagt Peter Schönhöfer. Im Falle des erwähnten Vertrags zwischen Novartis und der AOK, die übrigens 40 Prozent des Arzneimittelumsatzes in Deutschland generiert, bedeutet das zum Beispiel, dass ein betagter Patient, der sich vorsorglich gegen Grippe impfen lassen möchte und AOK-versichert ist, nur mit Begripal geimpft werden kann; denn die Ärzte sind an diesen Rabattvertrag gebunden. Ein solcher ist also nichts anderes als eine Absatzgarantie und somit wie ein Sechser im Lotto für das Pharmaunternehmen. Dumm nur für den Patienten, wenn es – wie im Herbst 2012 bei Begripal – zu Lieferengpässen, gefährlichen Ausweichmanövern und Rückrufaktionen kommt ... Ein peinlicher Einzelfall? Nein. Denn die zunehmende Konzentration – sowohl bei den gesetzlichen Krankenkassen (2007: 241 gesetzl. Kassen, 2012: 144) als auch auf dem Arzneimittelmarkt – im Wechselspiel mit dem unerbittlichen Preiskrieg führt schon heute immer wieder zu Lieferengpässen und Pannen. Die rabattgierigen Krankenkassen lassen sich von den mächtigsten Pharmaunternehmen Exklusivverträge aufs Auge drücken, ohne hinreichend auf Wirksamkeit, Alternativen und Patientennutzen des betreffenden Präparats zu achten. Mit anderen Worten: Besteht für ein Medikament kein Vertrag mit der Kasse des Patienten, wird es von dieser nicht erstattet, selbst wenn es wirksamer oder einfach nur besser verträglich ist als die anderen ... Günstige Rabatte erfordern allerdings auch kostengünstige Produktionsbedingungen, weshalb pharmazeutische Unternehmen die in Deutschland verschriebenen Arzneimittel immer öfter in Billiglohnländern herstellen lassen. Oft in einer einzigen Fabrik. Und wie sieht es bei deren Ausfall mit ausreichend großen Lagerbeständen in Deutschland aus? Zu teuer, sagen die Pharmaunternehmer. Folglich müssen insbesondere Krebspatienten und Chroniker, die auf ein bestimmtes Medikament angewiesen sind, die Zeche für diesen von Profitgier beherrschten kranken Gesundheitsmarkt zahlen ... Hier müsste sich dringend die Politik einschalten. Doch die schwarz-gelbe Bundesregierung sieht – ganz im Sinne der »Pharmaflüsterer« – keinerlei Handlungsbedarf. Wie die politische Einflussnahme der Pharmalobby funktioniert, zeigte sich auch im Vorfeld des sogenannten Arzneimittelmarktneuordnungsgesetzes (AMNOG)[66]: In die 3. und damit letzte Lesung vor der Schlussabstimmung brachte Jens Spahn, ehemaliger Banker und amtierender gesundheitspolitischer Sprecher der CDU, einige neue Passagen ein. Alles rechtens. Da diese Passagen allerdings fast wortwörtlich aus der Feder der Düsseldorfer Anwaltskanzlei Clifford Chance stammten, bekommt Herrn Spahns Rolle in diesem Gesetzgebungsverfahren doch ein gewisses Geschmäckle – zumal Clifford Chance juristisch für die Pharmaindustrie aktiv ist, auch auf dem Pharma-Stammtisch Bayern im Oktober 2012:

PharmaStammtisch®
Bayern

"AMNOG: eine Zwischenbilanz – pro und contra"

Referenten:

Maximilian Grüne
Rechtsanwalt, Justitiar Abteilung Recht,
Gemeinsamer Bundesauschuss, Berlin

Dr. Ullrich Reese
Rechtsanwalt
Partner Clifford Chance, Düsseldorf

Teilnehmer:

Produktmanager, Marketingleiter,
Med-Wiss-Manager, Gesundheitspolitiker,
Marktforscher und weitere Marketingleute

Dr. Michael Bartke, Daiichi Sankyo Europe Okt 2012

Und nun dürfen Sie raten, welches Interesse eben diese von MdB Spahn eingebrachten und nun im AMNOG verankerten Passagen verfolgen ... Offenbar hat sich Herr Spahn noch den einflussreichen Kunden seiner früheren Lobby-Agentur Politas verpflichtet gefühlt.

KONSUMENTEN-NAVI
Wer sich für das Treiben von Lobbyisten interessiert, sollte den Online-Newsletter von »LobbyControl« (www.lobbycontrol.de) abonnieren.

Auch das deutsche Heilmittelwerbegesetz ist den Pharmaunternehmen seit Langem ein Dorn im Auge; schließlich lässt sich mit rezeptfreien Präparaten ein gewaltiger Batzen Geld verdienen (siehe Seite 143) – und da möchte man doch gerne alle Werberegister ziehen können. Bislang gibt es gesetzliche Schranken. Zu Recht, denn gezielte Werbung unterstützt, so BUKO[67], die unkontrollierte Verwendung von Arzneimitteln. Besonders problematisch sei das bei der Gruppe der Schmerzmittel, die – vor allem bei höherer Dosis und längerer Einnahme – schwere unerwünschte Wirkungen auslösen können. Doch die Schranken bröckeln. Dem liberalen deutschen Gesundheitsminister sei Dank. Er leistet einer entsprechenden Änderung des Heilmittelwerbegesetzes gerade kräftig Vorschub. Die Pharmaindustrie wird's freuen, denn damit hätte sie einen entscheidenden Teilsieg errungen auf dem Weg zu ihrem eigentlichen Ziel: freie Publikumswerbung für alle und somit auch für rezept*pflichtige* Medikamente. Großes Vorbild der deutschen Pharmalobbyisten sind die USA. Denn dort haben ihre Lobby-Kollegen es schon geschafft. Seither werden die amerikanischen Konsumenten mit oft irreführenden Heilsversprechen und massiven schönfärberischen Werbekampagnen der Pharmakonzerne überschwemmt … Tatsächlich gibt es nirgendwo sonst auf der Welt einen so immensen Medikamentenmissbrauch und eine so hohe Tablettenabhängigkeit wie in den USA. Prominente Beispiele der letzten Zeit: Michael Jackson, Heath Ledger, Demi Moore. Von den geschätzten 30 Millionen (zehn Prozent) Amerikanern, die regelmäßig Psychopharmaka einnehmen, hört man meistens erst, wenn sie in Schulen oder Kinos ein Massaker verübt haben. Sollten wir diese Liberalisierung des Pharmamarktes nach US-Vorbild wirklich kopieren?

Was gute Lobbyarbeit im Sinne der Pharmakonzerne noch zustande bringt, offenbart der Pharmakritiker Schönhöfer mit einem Satz: »Die heute zugelassenen Arzneimittel sind viel gefährlicher als vor zwanzig Jahren, weil die Hürden für die Zulassung von Präparaten unter dem Einfluss der Lobby immer niedriger wurden.«[68] Beliebte Partner der Pharmalobby sind übrigens nicht nur Entscheidungsträger in der Politik, sondern auch die Patientenverbände und Selbsthilfegruppen. Je medikamentenintensiver die Therapie, desto größer das Engagement der Arzneimittelhersteller für die Belange der jeweiligen Fachgesellschaften. Am besten, man besetzt den Stuhl des Vorsitzenden dann auch gleich mit einem Pharmagetreuen. Im Vorstand der Deutschen Gesellschaft für Schmerztherapie: Dr. med. G. Müller-Schwefe (Peter Schönhöfer: »Der hat, soviel ich weiß, häufig sehr fragwürdige Arzneimittel als Schmerzmittel propagiert.«); im Vorstand der Deutschen Schmerzliga: Harry Kletzko, Ex-Manager des Schmerzmittelherstellers Mundipharma; bis vor Kurzem Vorsitzender des Deutschen Diabetiker Bundes: Heinz Windisch, ehemaliger Pharmavertreter der Firma Abbott ... Klar ist: Die unmittelbare Nähe zu den Patienten erspart den Pharmakonzernen kostenaufwendige Werbemaßnahmen. Eine als »Informationsveranstaltung« getarnte Produktpräsentation ist zudem um einiges effektiver als jeder TV-Spot. Schließlich sind Patienten, die sich gehört fühlen, besonders dankbar. Diese Erscheinungsform der Mischmit-Masche ist deshalb extrem mies, weil hier menschliches Interesse an den Patienten geheuchelt, ihre Not von den Pharmafirmen jedoch nur schamlos zum Geschäftemachen benutzt wird, um sich selbst zu bereichern.

Und wenn die Mischmit-Masche mal nicht zieht? Dann ist manch ein Branchenriese gierig genug, einen anderen Umsatzweg ausfindig zu machen. Beispiel Boehringer Ingelheim Pharma GmbH &

Co. KG: Das deutsche Familienunternehmen ist ein Megaplayer in der Branche und schmückt sich mit seiner sozialen Haltung: »Die ethischen Prinzipien, denen sich Boehringer Ingelheim seit 125 Jahren verpflichtet fühlt, haben eine Kultur der unternehmerischen und sozialen Verantwortung geschaffen. Soziales und gesellschaftliches Engagement haben für Boehringer Ingelheim viele Facetten und sind fest in unserer Unternehmensphilosophie verankert.«[69]

Wie facettenreich das soziale Engagement von Boehringer Ingelheim tatsächlich ist, zeigt der Buscopan-Composto-Skandal. Dieses Medikament wurde in Deutschland schon 1987 verboten, weil es den stark schmerzlindernden, aufgrund seiner gefährlichen Nebenwirkungen aber ebenso stark umstrittenen Wirkstoff Metamizol enthält. Trotz des Verbots von Buscopan Compositum in Deutschland hat Boehringer Ingelheim offenbar keine ethischen Hemmungen, Buscopan Composto in Brasilien weiterhin zu verkaufen, obwohl es auch dort nach der Vergabe immer wieder zu lebensbedrohlichen Zwischenfällen kommt. Boehringer Ingelheim wirbt in Brasilien sogar weiter für sein rezeptfrei erhältliches Medikament: »Bei Magenschmerzen und Krämpfen. Oder wenn man sich mal nicht so wohl fühlt. Dafür gibt es Buscopan Composto.« Bei uns sind die Anwendungsgebiete Magenschmerzen und Magenkrämpfe für Metamizol wegen hoher Risiken verboten. Gewinn geht eben doch vor Gewissen …

Die Generika[70]-Masche

»Nur wer in allen Marktsegmenten [Discount, Markengenerika, Spezialpräparate] eine Führungsrolle spielt, kann auf Dauer im deutschen Markt präsent sein«, so der Vorstandssprecher der

HEXAL AG, die zur Sandoz-Gruppe gehört, die wiederum ein Unternehmensbereich des Pharmakonzerns Novartis ist. Novartis Pharma präsentiert die hochpreisigen, weil patentierten Erstanbieterpräparate, während sich Hexal und die Discount-Linie 1 A Pharma auf dem Generikamarkt breitmachen. Aber auch andere börsennotierte Pharmariesen wie Daiichi Sankyo und Pfizer kaufen weltweit Vertriebsrechte für zig generische Medikamente ein und sehen zu, dass sie der drohenden Umsatzeinbuße nach Auslaufen eines Patents begegnen, indem sie sogenannte Original- oder auch Auto-Generika auf den Markt bringen. Das sind 1:1 die hauseigenen Präparate, werden aber unter neuem Namen, in neuer Verpackung und Darreichungsform preiswerter angeboten. Beispiel: Pfizers Cholesterinhemmer Atorvastin gehört zu den Weltbestsellern unter den Medikamenten und insofern zu den kostbarsten Pferden im Pfizer-Stall. Als das Patent im Mai 2012 auslief, präsentierte Pfizer prompt seine Auto-Generika Atorva und Liprimar (für den Export) ... Weltweit führend auf dem Generika-Markt aber ist der israelische Konzern TEVA mit einem Jahresumsatz von rund zehn Milliarden Euro, und zwar nicht erst seit der Übernahme der deutschen Generika-Firma ratiopharm. Denn zu TEVA gehören auch die Generika-Marken CT Arzneimittel und AbZ Pharma. Jetzt ist es wohl nur eine Frage der Zeit, bis auch das letzte unabhängige Generika-Unternehmen Deutschlands, die STADA AG, von einem Pharmariesen geschluckt wird, um mit dessen Produktportfolio fehlende Wirkstoff-Innovationen und auslaufende Patente wettzumachen. Doch erst einmal haben sich jüngst zwei Generika-Giganten zusammengetan: Für 4,5 Milliarden Euro hat das US-Unternehmen Watson den Schweizer Arzneimittelhersteller Actavis übernommen und sich aus marktstrategischen Gründen gleich selbst in Actavis umgetauft. Das wird den Sanierer von Actavis, den Exratiopharm-Chef und Deutsche-Bank-Berater Claudio Albrecht, besonders gefreut haben. Zumal er der Deutschen Bank, dem größten Gläubiger von Actavis, mit diesem Deal auf einen Schlag 290 Millionen Euro Eigenkapital verschafft hat. Der Markt für kopierte Medikamente, so Albrecht, sei aggressiv, es gehe um Kampf und blitzartiges Reagieren. »Es ist wie in der Formel 1 und ständig Dampf im Kessel; das fasziniert mich.«[71]

Unter den großen Pharmakonzernen, die den internationalen Generikamarkt bestimmen, ist inzwischen ein harter Kopierkampf um biotechnologische Arzneien entbrannt, da diese preislich zu den umsatzstärksten Arzneien gehören. Biologika, ebenso wie ihre biotechnologisch erzeugten Nachahmer, die Biosimilars (im Volksmund Biogenerika) sollen gezielt in den Körper eingreifen und werden daher vor allem in profitablen Langzeittherapien, zum Beispiel bei Krebs- und Immunerkrankungen, Rheuma und Diabetes eingesetzt. Ein Milliardenmarkt also; denn was kann den Pharmaunternehmen Besseres passieren als ein hoher Bedarf an hochpreisigen Medikamenten …

KONSUMENTEN-NAVI

Generikahersteller erhalten nach Patentablauf einen gesetzlichen Zugang zu den Daten des Originalherstellers, damit sie keine experimentellen Untersuchungen wiederholen müssen. Das gilt für Daten klinischer Studien am Menschen ebenso wie für Tierversuche. Insofern tragen Generika dazu bei, Wiederholungsuntersuchungen effektiv zu vermeiden.

Aus dem Nähkästchen: Bei einer Pressekonferenz, die Ende 2012 anlässlich eines eher mittelmäßigen TV-Films in Hamburg stattfand, fragte mich eine Journalistin, was denn meine nächsten Projekte seien. Ich erzählte ihr von diesem Buchprojekt und erhielt wenige Wochen später eine E-Mail, für die sich der mittelmäßige Film und dessen unvermeidliche Promotion mehr als gelohnt haben:

EXKURS:

Die Beagles von Barsbüttel

Wie der Kampf gegen einen Pharma-Riesen zum persönlichen Kampf gegen Windmühlen wurde

Da stand ich nun, mit dem Megafon in der Hand, und wusste gar nicht, wie man so ein Ding bedient. Prompt heulte die »Flüstertüte« laut wie eine Sirene los und stellte mich als Demo-Greenhorn bloß. Egal. Wir hatten schließlich ein Ziel: Jenen Gehör zu verschaffen, die selber nicht für ihre Rechte eintreten können. Es ging um das Schicksal von geschätzten 2000 Tieren pro Jahr, Minischweinen, Kaninchen, Mäusen, Ratten und 800 Beagles, die jedes Jahr in dem Tierversuchslabor Barsbüttel-Willinghusen ihr Leben lassen sollten. Angeblich im Dienste der Wissenschaft, jedoch vor allem zum Profit der Pharmaindustrie. Als Journalistin war ich zufällig auf eine Geschichte gestoßen, die mich seitdem nicht mehr losgelassen hatte. Eine Lkw-Ladung mit Beagles war an der Grenze zu Italien vom deutschen Zoll wegen miserabler Transportbedingungen beschlagnahmt worden. Die Hunde sollten in eine der größten Tierversuchsanstalten Deutschlands gehen, in das verschlafene Dorf Willinghusen vor den Toren Hamburgs. Ich wohne zwar nur rund 30 Kilometer von diesem Ortsteil der Gemeinde Barsbüttel entfernt, hatte aber noch nie von einer dortigen Tierversuchsanlage gehört. Bei meiner Recherche erfuhr ich, dass das deutsche Unternehmen »Altana Pharma AG« bereits seit Jahren ein Tierversuchslabor in Barsbüttel betrieb und dass dieses Labor nun noch vergrößert werden sollte, um dort mögliche toxikologische Nebenwirkungen von medizinischen Substanzen an Tieren zu testen.

Ich suchte nach Wellen einer Protestbewegung, fand aber nur eine kleine Bürgerinitiative, die sich wie David gegen Goliath zum Kampf gegen den Pharma- und Chemiekonzern formiert hatte. Und ich hörte von einem ersten Treffen: Um die erforderliche Änderung des Bebauungsplanes zu verhindern, hatte die Gemeinde Barsbüttel zu einer Einwohnerversammlung geladen.

Aus Neugier und Solidarität mit den Widerständlern fuhr ich hin und war erstaunt, dass in den ersten Reihen keine Volksvertreter, sondern Altana-Mitarbeiter saßen, die jede Bürgeranfrage durch störende Zwischenrufe oder lautes Gelächter sabotierten. Auch der Rest war eine Farce. Mögliche Diskussionen wurden im Keim erstickt. Der damalige Bürgermeister schien deutlich aufseiten des Gewerbesteuer zahlenden Pharmakonzerns zu sein. Denn als Versammlungsleiter ließ er auffallend oft Altana zu Wort kommen. So schilderte der Laborchef sehr beschönigend, wie eine toxikologische Untersuchung an Beagles angeblich durchgeführt wird. Dabei verschwieg er jedoch wichtige Fakten: Die weit verbreitete »akute Toxizitätsstudie« wird von unabhängigen Veterinärmedizinern als unwissenschaftlich, ungenau und extrem grausam beurteilt. Alle Versuchstiere müssen sterben – entweder infolge des qualvollen Experiments oder zu einem Zeitpunkt X durch bewusste Tötung, um die Organe auf Veränderungen zu untersuchen. Ich fand, dass die Menschen auch darüber informiert sein sollten. Deshalb fasste ich einen spontanen Entschluss: Wir demonstrieren!

Im Bündnis mit der Bürgerinitiative, den »Ärzten gegen Tierversuche« und kleineren Tierschutzorganisationen hatten wir uns am 2. November 2002 auf einem Schulhof versammelt, um gegen die »Erweiterung der Tierversuchsanlage der Firma Altana« zu protestieren. Rund 300 Zweibeiner und viele Vierbeiner formierten sich zu einem amateurhaften, aber friedlichen Marsch. Lautstark skandierten wir die Sprüche auf unseren Plakaten: »Altana raus«, »Stoppt sinnloses Tierleid«, »Qualtana ein Ende«. Der Lärm unseres Protests stand in auffälligem Kontrast zum Schweigen des Ortes. Eine fast gespenstische Atmosphäre lag über Willinghusen und drohte, unsere Euphorie kurz vor dem Ziel auszubremsen. Doch als wir die Tierversuchsanlage fast erreicht hatten, gesellten sich plötzlich immer mehr Tierschützer und prominente Tierfreunde dazu. Und am Eingang des Versuchslabors wartete bereits die Presse auf uns. Ein Etappenziel war erreicht. Altana und sein Labor rückte aus der Anonymität in den Blickpunkt der Öffentlichkeit.

Umso heftiger traf uns der Schlag der Realität: Trotz aller Widerstände von Bürgern und Tierschützern kam der Neubau. Die Gemeindevertreter hatten der Änderung des Bebauungsplanes zugestimmt. Die Anwohner indes, deren Grundstücke an das Tierversuchsgelände grenzten, mussten ihren Kindern erklären, was hinter den Toren ihrer »Nachbarn« vor sich geht, woher das jämmerliche Winseln kommt, das bei ungünstiger Windrichtung zu hören ist. Und sie mussten damit leben, wegen ihrer »wirtschaftsfeindlichen« Haltung von Pharmasympathisanten bedroht zu werden. Dennoch hielten sie mit einem Schilderwald in ihren Vorgärten den Widerstand gegen Altana am Leben. Vergeblich. Die Bagger rückten an, und Stein für Stein entstand vor ihren Häusern das riesige Laborgebäude.

Die Schilder in den Vorgärten blieben. Und jedes Jahr wiederholten sich die Demonstrationen und Mahnwachen vor Altana. 2007 schließlich wurde Altana von dem Pharmakonzern Nycomed Group übernommen. Die Tierversuche in Willinghusen gingen weiter. Ein Jahr später schaltete sich die Tierrechtsorganisation PETA ein und erstattete Strafanzeige gegen die Altana Pharma AG, wobei sie der zuständigen Staatsanwaltschaft vertrauliche Dokumente über toxikologische Tierversuche zuspielte. Diese belegten »erhebliche Fehler in den Versuchsabläufen« und brachten »fragwürdige Methoden hinter den Experimenten« zutage. Doch die Versuche wurden als »nicht genehmigungs-, sondern nur anzeigepflichtig« eingestuft. [Zu einer Verurteilung kam es nicht, nicht einmal zu einer Anklageerhebung.]

Seither steigt die Zahl der Tierversuche in Deutschland kontinuierlich an. Drei Millionen waren es allein im Jahr 2011[72]. Welche davon überhaupt irgendeinen ohnehin fraglichen Nutzen haben, weiß niemand. Denn Ergebnisse in der Pharmaforschung müssen nicht veröffentlicht werden. Nachdem Nycomed für rund 9,6 Milliarden Euro von dem japanischen Pharma-Riesen Takeda geschluckt worden war, geschah es – zehn Jahre nach Beginn unserer kleinen Protestbewegung: Das »Institut für Pharmakologie und Präklinische Arzneimittelsicherheit« wurde geschlossen. Keine Tierversuche mehr in Barsbüttel. Natürlich gibt es noch viel anderen Dreck in der »sauberen« Welt der Pharmaindustrie – trotzdem gut, dass wir angefangen haben, vor der eigenen Haustüre zu kehren.

Claudia Pless, Freie Journalistin

Gemäß dem christlichen Missverständnis, der Mensch sei die Krone der Schöpfung, sind Tierversuche ein trauriges Nebenprodukt des menschlichen Wunsches, Krankheiten bekämpfen zu können. Aber wo bitte bleibt das christliche Konzept der Nächstenliebe, wenn die Medikamentenversuche nicht an Tieren, sondern an ahnungslosen Indern und Afrikanern gemacht werden? Laut indischem Gesundheitsministerium sind allein bei Tests des Gerinnungshemmers Xarelto von Bayer 138 Menschen gestorben.[73] Pfizer wurde vor einem US-Gericht angeklagt, weil der Konzern Versuche an nigerianischen Kindern durchgeführt hatte, und zwar ohne Wissen der Eltern. Beispiele für solche Verbrechen gibt es leider viele. Ein krasser Widerspruch zu dem Image, das die Pharmaindustrie in ihren Werbekampagnen kreiert: Saubermänner und -frauen, die nur die Gesundheit und das Wohlbefinden des Menschen im Sinn haben ...

Die Vielhilftviel-Masche

»Ein guter Arzt«, sagte neulich eine erfahrene Internistin mit eigener Praxis zu mir, »vermag mit einem Handtuch mehr auszurichten als mit 'ner ganzen Apotheke.«[74] Das wäre allerdings ganz und gar nicht im Sinne der Gesundheitsindustrie. Deren Lieblingspatienten sind vielmehr jene, die schon zum Frühstückskaffee fünf bis zehn verschiedene Pillen und Kapseln schlucken. Wie bitte? Medikamentenrückstände sollen auf Dauer die Leber schädigen? Nicht so schlimm, dagegen gibt es bestimmt auch ein Mittelchen. Und um ganz sicherzugehen, dass es (dem Umsatz) wirklich hilft, geben die Arzneimittelhersteller vorsorglich lieber eine etwas höhere Dosierungsempfehlung. Das steigert jedoch nicht nur den Absatz des Präparats, sondern auch das

Risiko von Nebenwirkungen. Insbesondere bei empfindlichen und älteren Patienten. »Als Ärztin«, so die Internistin, »habe ich inzwischen immer häufiger die Nebenwirkung der Nebenwirkung zu behandeln. Das macht keinen Spaß mehr.« Da wären zum Beispiel die weitverbreiteten Medikamente zur Behandlung von Sodbrennen: Wirkstoffe wie der Protonenpumpenhemmer (PPI) Omeprazol unterdrücken dauerhaft die Bildung von Magensäure, sodass das mit der Nahrung aufgenommene, lebensnotwendige Calcium nicht mehr ausreichend absorbiert, sprich verwertet werden kann. Mögliche Folge: Vermehrte Hüft-Frakturen. Trotzdem werden diese Präparate weiterhin großzügig eingenommen ...

KONSUMENTEN-NAVI

Weitverbreitete Leiden wie Sodbrennen, Erkältung und Erschöpfungszustände lassen sich mit gesunder Ernährung und Lebensführung vermeiden und behandeln.

Und für die Volkskrankheit Rückenschmerzen gilt: Richtiges Sitzen und regelmäßige Bewegung bringen mehr als zig Tuben Voltaren.

Auch alle fettlöslichen Vitamine wie die Vitamine A und D können dem menschlichen Körper bei Überdosierung schaden, mitunter sogar erheblich, weil sie nicht über die Niere ausgeschieden, sondern im Körper akkumuliert werden. So erhöht eine Überdosierung des sogenannten Sonnen-Vitamins (D) möglicherweise das Risiko, an Bauchspeicheldrüsenkrebs zu erkranken. Und zu viel Vitamin A über lange Zeit eingenommen kann unter anderem zu Kopfschmerzen, Hauttrockenheit und Haarausfall führen. Selbst mit dem Superstar Vitamin C ist nicht zu spaßen; denn wer sich davon große Mengen gönnt, läuft Gefahr, Nierensteine zu bekommen. Doch was machen die ach so verantwortlichen Pharmakonzerne in oft enger Kooperation mit Apotheken und Ärzten? Sie lancieren und bewerben ihre teuren Vitaminpräparate, Grippe- und Nahrungsergänzungsmittel, was das Zeug hält. Und die Deutschen schlucken's: 18 Millionen von uns greifen täglich zu Nahrungsergänzungsmitteln (Supplements) und spülen damit fast eine Milliarde Euro jährlich in die Kassen der Pharmakonzerne.

Drei populäre Beispiele:

   = Pfizer

   = GlaxoSmithKline

   = Merz Pharma

KONSUMENTEN-NAVI

Lieber 'ne frische Tomate oder Birne mehr als ein Vitamin-präparat, das eh nicht resorbiert wird, sondern wie ein Klumpatsch im Magen liegt. Schon eine halbe Paprika deckt den Tagesbedarf an Vitamin C.

Exempel Orthomol. Dieses Unternehmen hat mit seiner »Idee für mehr Gesundheit« eine Lifestyle-Produktpalette für jeden Bedarf entwickelt:

Augen

orthomol | vision AMD

Knochen, Gelenke und Bindegewebe

orthomol | arthro plus

orthomol | osteo

Herz und Gefäße

orthomol | cardio

Immunsystem

orthomol | immun pro

orthomol | immun junior

Kinderwunsch, Schwangerschaft und Stillzeit

orthomol | natal

orthomol | fertil plus

Prostata
orthomol flavon m

Sport
orthomol sport

Stressbedingte Beschwerden
orthomol vital m

Wechseljahre
orthomol femin

Innenohrerkrankungen
orthomol audio

Mentale Leistungsfähigkeit
orthomol mental

Weitere Produkte
orthomol i-CAre

Nahrungsergänzungsmittel zur Unterstützung der Mikronährstoffversorgung für Erwachsene.

Hier findet jedermann das für ihn passende Orthomol-Präparat, um sich sein persönliches Mehr an Gesundheit angedeihen zu lassen. »Trend zur Selbstmedikation (Consumer Health Care)« nennt Boehringer Ingelheim diese Hoffnung der Konsumenten, dem eigenen Körper mit Pillen und Pülverchen etwas Gutes zu tun. Klar, dass die Pharmaindustrie diesen profitablen Trend kräftig ausnutzt und befeuert. Ob in den Regalen der Apotheken, in Zeitschriftenanzeigen oder in Werbespots – überall prangt das plumpe Versprechen der Arzneimittelproduzenten: »Das tut Ihrem Körper gut.« Von wegen. Der Einzige, dem es gut tut, wenn sich die Kunden immer wieder verführen lassen, ist der Gierschlund der Pharmaindustrie. Besonders übel sind auch jene Ärzte, die sich oder ihr Personal von den Herstellern anheuern lassen, um deren Lifestyleprodukte in der Praxis direkt an die Patienten zu verhökern – zumal es sich bei diesen Produkten noch nicht einmal um Arzneimittel, sondern um Medizinprodukte handelt, die weder auf Wirksamkeit noch auf Sicherheit und Verträglichkeit behördlich überprüft werden ...

Die Mongering-Masche

Gesundheit ist ein wertvolles Gut. Für die pharmazeutische Industrie aber ist die Krankheit viel wertvoller. Deshalb hat sie sich auch eine ganz perfide Marketingstrategie einfallen lassen: disease mongering. Hinter diesem Fachbegriff verbirgt sich nichts anderes als das Erfinden von Krankheiten. Stellen Sie sich mal vor, der ADAC würde plötzlich verkünden: *Schrammen und Beulen am Auto gefährden die Fahrsicherheit.* Natürlich kann man unterstützend mit namhaften Experten sowie aufwendigen Studien und entsprechenden Testergebnissen aufwarten. Und schon befinden sich die Autoindustrie und ihre Vertragswerkstätten im Aufwind ... Absurd? Nicht so absurd, als dass der Pharmaindustrie nicht genau dieser Marketing-Coup immer wieder gelingen würde. Ganz natürliche körperliche Lebensprozesse wurden plötzlich zu sogenannten behandlungspflichtigen Erkrankungen: menopausale Beschwerden, sinkender Testosteronspiegel, Erektionsstörungen, Osteoporose. Und ebenso natürlich hatte man auch prompt die passenden Arzneimittel im Angebot – obwohl zum Beispiel kein Medikament die Osteoporose aufhalten kann. Viel wirkungsvoller sind Bewegung und kalziumreiche Ernährung – wobei von hoch dosierten Kalzium*präparaten* einmal mehr abzuraten ist, da sonst das Herzinfarktrisiko steigt. Auch der Hype um das Cholesterin gehört übrigens in diese Kategorie. Eines Tages war es da, das gefährliche Monster Cholesterin. Und ebenso die Cholesterinhemmer der Pharmafirmen – von dem Margarinemedikament (»Herzgesund mit Becel«, »Mit Becel pro.activ den Cholesterinspiegel senken«) mal ganz abgesehen ...[75] Dass der Mensch das Cholesterin, das in jeder Zelle, aber vor allem in der Leber gebildet wird, zum Leben braucht – für die Lungenfunktion, die Sexualfunktion und die Schilddrüsenfunktion –, davon war keine Rede mehr. Stattdessen wurde Cholesterin, dem verteufelten Blutfett, das gar kein Fett, sondern ein Alkohol ist, der Kampf angesagt. Der Kampf um neue Absatzmärkte ... Auf der Suche nach eben solchen kam zum Beispiel die Firma Pfizer auf die glorreiche Idee, für ihr berühmtes Potenzmittel eine Indikation bei Frauen zu erfinden: Female Sexual Dysfunction Syndrom. Uh, ein Syndrom. Klingt gefährlich. Und unbedingt behandlungsbedürftig. Und zwar mit Viagra. Daraufhin wurde diese neue Krankheit auf großen Kongressen und wichtigen Fachtagungen publik gemacht – bis Pfizer der ebenso pfiffige wie renommierte Journalist Ray Moynihan[76] in die Quere kam und den Schmarrn aufdeckte. Pfizer sah sich daraufhin gezwungen, sein »rosa Viagra« vom Markt zu nehmen. Zur Freude der Konkurrenz, denn auch die tüftelt immer wieder – bislang erfolglos – an einem Potenzmittel für die weiblichen Konsumenten ...

Und Sie erinnern sich doch sicherlich an die Schweinegrippe, oder? Ende August 2009 sagte Herr Prof. Löwer, Chef des Paul-

Ehrlich-Instituts, in einem Interview mit der Berliner Zeitung: »Es ist natürlich ein Wettlauf, aber ich denke, dass wir ihn aufnehmen sollten. (...) Das Ziel, die Verbreitung des Erregers einzudämmen, scheint nicht mehr realistisch zu sein. Die Bundesregierung verfolgt daher die Strategie, die Zahl der schweren Krankheits- und Todesfälle zu minimieren. Daher sollen – neben dem medizinischen Personal, der Polizei und Feuerwehr – vorrangig Schwangere und chronisch Kranke, egal welchen Alters, geimpft werden.«

Die Vorgeschichte: Alles begann mit der Vogelgrippe, einem Virus, der sich vom Tier auf den Menschen übertragen und dann auch eine tödliche Erkrankung auslösen kann. Eifrige Virologen – manch einer entpuppte sich hinterher als eng verbandelt mit namhaften Impfstoffherstellern – betrieben Panikmache, indem sie lautstark warnten, es könne zu einer Pandemie kommen, wenn das Virus lernt, auch von Mensch zu Mensch zu wirken. Als Vorsichtsmaßnahme wurden, mit erheblicher finanzieller Unterstützung der Regierungen, entsprechende Pandemie-Impfstoffe entwickelt. Doch das Virus blieb seinem bisherigen Übertragungsweg treu. Was also tun mit all dem Impfstoff? Händeringend suchte die Pharmaindustrie nach einem Virus, der sich mit dem gleichen Impfstoff behandeln lässt. Schließlich fand man das Schweinegrippe-Virus wieder. Einst von Vietnam-Heimkehrern in die USA eingeschleppt, entdeckte man es nun in Australien. Allerdings war es dort ebenso wie in den USA komplett ungefährlich. Aber dann, es war Anfang Mai 2009, wurde dieses Schweinegrippe-Virus in Mexiko gesichtet und von einem Berater der britischen Regierung zur gravierenden Pandemie-Gefahr erklärt. Die BBC schnappte den Köder auf ... und die Marketing-Falle (»fear mongering« = gezielte Panikmache) schnappte zu. Denn was damals noch keiner wusste: Der Herr Berater stand seit drei Jahren mit 135.000 Euro per anno auf der Gehaltsliste von GlaxoSmithKline, dem Hersteller des Pandemie-Impfstoffes Pandemrix. Danach musste nur noch die Weltgesundheitsorganisation von der Pandemie-Gefahr überzeugt werden, was mittels industriehöriger Experten auch schnell gelang. Fertig war der Absatzmarkt. Allein der kritischen Berichterstattung in den Medien ist es zu verdanken, dass die erhoffte Impfwelle in Deutschland ausblieb. Doch die Bürokraten in den Ministerien hatten den Impfstoff bereits eingekauft – auf Kosten der Steuerzahler und zur Freude der Impfstoffhersteller. Also wurde der Impfstoff ungenutzt wieder vernichtet – ebenfalls auf Kosten der Steuerzahler ...

KONSUMENTEN-NAVI
Für Patienten: Gute Pillen – Schlechte Pillen (www.gutepillen-schlechtepillen.de)
Für Fachleute: arznei-telegramm[77] (www.arznei-telegramm.de)

Alternative Heilansätze, Naturheilmittel und die guten alten »Hausmittel« wie Umschläge, Inhalieren und Schwitzbad werden von Pharmaindustrie und Apothekerschaft herablassend belächelt. Ihr Manko: Sie kosten (fast) nichts. Und so wird uns von Kindesbeinen an bei Erkältung oder Entzündungen lieber sofort ein Antibiotikum verabreicht. Aber die Erreger sind nicht dumm und wappnen sich zunehmend gegen diese Chemie ... Insofern muss man wahrlich kein Öko-Spinner oder Eso-Freak sein, wenn man bei bestimmten Beschwerden jahrhundertealte Rezepturen vorzieht. Meiner bescheidenen Erfahrung nach dauert eine normale Erkältung mit Medikament etwa eine Woche, ohne Medikament sieben Tage. Das Gleiche gilt für Lippen-Herpes: mit Zovirax & Co. eine Woche, ohne sieben Tage. Doch dank der Gehirnwäsche, der die Pharmabranche uns ständig unterzieht, haben wir das Vertrauen in die Selbstheilungskräfte unseres Körpers längst verloren.

Abschließend noch eine amüsante Episode aus dem persönlichen Nähkästchen: 1995 drehte ich mit der Bavaria-Filmproduktion den Dreiteiler »Der Räuber mit der sanften Hand«, basierend auf der Autobiografie des cleversten und gefürchtetsten Bankräubers der deutschen Nachkriegsgeschichte: Siegfried Dennery. Da Dennery sich jahrelang auf der Insel San Lucia in der Karibik versteckte und nur für seine Banküberfälle nach Deutschland reiste (bei denen übrigens nie eine Person zu Schaden kam), fand der längste Teil der Dreharbeiten auf San Lucia statt. Luxus für die 40-köpfige Crew, dreht man doch meistens bei schlechtem Wetter oder in dunklen Studios ... Drehzeit war April bis Mai, also Nebensaison in der Karibik. Trotzdem war das piekfeine 250-Zimmer-Hotel am weißen Palmenstrand randvoll. Wer waren die restlichen Gäste? Deutsche Ärzte, vornehmlich Herren zwischen Ende dreißig und Ende fünfzig, von einem Pharmariesen zu einer einwöchigen »Tagung« eingeladen. Thema: Die Präsentation eines neuen Antibiotikums. Kostenpunkt für die Teilnehmer: Nullkommanix. Ein meine Leidenschaft fürs Windsurfen teilender Doktor erzählte mir eines Abends beim Surf-Verleih freimütig, dass er jedes Jahr zu einer solchen Tagung eingeladen sei, wenn er nur genügend Medikamente des einladenden Pharma-Konzerns verschreibe ...

9

Lecker, lecker, Lüge: Noch ein edles Tröpfchen gefällig? Wenn Genuss zum Verdruss wird

»Eine Selbstverpflichtung [der Lebensmittelbranche] ist, als würden Sie Einbrecher damit beauftragen, ein Türschloss einzubauen.«[78]

Ron Moonie, Universität Melbourne

Dass unsere Lebensmittel oft eher Krank- oder Fettmacher, Chemiekeule oder Giftmüll heißen sollten, ist nichts Neues. Teilweise steht das sogar im Kleingedruckten auf den Verpackungen. Daraus werden allerdings nur studierte Chemiker schlau. Den längst überfälligen Versuch, die mysteriös verschlüsselten Inhaltsstoffe per simpler Ampel-Kennzeichnung für uns Verbraucher endlich verständlich zu machen, hat die EU mit tatkräftiger Unterstützung des deutschen Verbraucherschutzministeriums abblitzen lassen. Warum wohl? Weil die Lebensmittellobby, allen voran Konzerne wie Nestlé und Kraft Foods, nichts mehr fürchten als Transparenz und aufgeklärte Esser und Trinker ...

KONSUMENTEN-NAVI

Wer es noch nicht schafft, sich ausschließlich von Luft und Liebe zu ernähren, dem empfehle ich dringend den Bestseller »Die Essensfälscher« von foodwatch-Gründer Thilo Bode. Dieses Buch ist neben Titeln wie Jonathan Safran Foers »Tiere essen« und Karen Duves »Anständig essen« Pflichtlektüre für jeden vor- und nachdenkenden Bürger.

Deshalb zahlen die Foodmultis populären Fußballnationalspielern und Sportstars wie Maria Riesch und Katarina Witt gern üppige Werbehonorare, um ihren ungesunden Junk-, Süß-, Fertigfraß unters Volk zu bringen. Wenn so topfitte Idole Nutella, Milka und Bifi bewerben, dann muss das ja wohl gesund und leistungsfördernd sein ... Wie sehr unser Verbraucherschutzministerium mit Marionetten der Lebensmittel- und Agrarlobbys besetzt ist, beweist der neueste Coup der Ministerin im März 2013: Dieser nennt sich vollmundig »Bündnis für Verbraucherbildung«, mit dem Ziel »Konsumkompetenzen von Schülern [zu] stärken«, v. a. im Bereich Ernährung. Die Sponsoren sind, jetzt kommt's: McDonald's, Edeka und Metro.[79] Wie bitte?!? Mit dieser Kooperation ebnet das Ministerium dem größten Junkfood-Hersteller der Welt den Weg in deutsche Schulen und zu unseren Kindern. Na wunderbar! »Unverfrorener kann man den Bock nicht zum Gärtner machen«, sagt ein Foodwatch-Geschäftsführer. Und wer immer noch denken sollte »ach, so ungesund kann der Kram von Mäcky nicht sein«, der möge sich bitte einmal die US-Kino-Doku »Supersize Me« anschauen.

Ähnlich verlogen und korrupt wie das Verbraucherversch(m)utzministerium agiert Dirk Bach, Chef des Nationalen Olympischen Komitees Deutschlands (NOK): Er startet eine Schulsport-Initiative, eigentlich eine gute, wichtige Sache. Aber wer ist der Sponsor? Richtig, der Weltmonopolist der Zuckerbrause, Coca-Cola! Aber Herr Bach hatte ja auch keine Probleme damit, die Olympiade 2008 entgegen jeglichen olympischen Grundsätzen im kommunistisch-diktatorischen China abzuhalten. Vermutlich schielt er auf den Posten von Jacques Rogge, dem derzeitigen Vorsitzenden des Internationalen Olympischen Komitees IOC, das genau wie die FIFA ihre Spiele an diejenigen Länder vergibt, die am meisten zahlen.

Doch glücklicherweise berichten die Medien seit Jahren immer wieder ausführlich über Gammelfleisch, Schweinepest, Diabetesanstieg, Etikettenschwindel, Massentierhaltung etc. Und auch Verbraucherschutzorganisationen wie foodwatch machen der Lebensmittelmafia das Lügen zunehmend schwerer. Daher beschränke ich mich beim Thema Lebensmittelindustrie auf ein Produkt, das man nicht ad hoc mit kriminellen Machenschaften, Antibiotika, Wachstumshormonen oder anderen Leckereien aus der Giftküche der Lebensmittelchemie assoziiert: auf den guten alten Wein.

»Wine is constant proof
that God loves us and loves to see us happy.«

»Wein ist der dauerhafte Beweis,
dass Gott uns liebt und uns glücklich sehen will!«
Benjamin Franklin

In vino veritas? Von wegen. Obwohl man nach dem aufsehenerregenden Glykolskandal Mitte der 1980er-Jahre eigentlich den Eindruck hatte, die Weinbranche habe ihre Lektion gelernt und halte sich seitdem an die Gesetze ... Aber da Weinreben nun einmal überaus empfindliche Pflänzchen sind, werden herkömmliche Trauben genau wie andere Obstsorten auch mit Insektiziden, Pestiziden, Fungiziden und Bioziden bombardiert. Klar, dass dieses Giftzeugs nicht nur in der Flasche landet, sondern auch in Boden und Grundwasser.

Aus dem Nähkästchen: Mitte der 1990er drehte ich eine französische Produktion im Département Hérault, zwei Stunden nördlich von Sète. Es war Anfang Mai und ungewöhnlich kalt, die Zeit der Eisheiligen. Als ich eines Morgens aufstand und den Vorhang meines Hotelfensters öffnete, war der Himmel voller schwarzer Rauchwolken. Was ich zunächst für ein großes Feuer hielt, entpuppte sich wenig später als der Versuch der Winzer, die Weinstöcke vor dem späten Frost zu schützen. Und das geht so: Man nehme Hunderte alter, abgefahrener Autoreifen, verteile sie in den Weinbergen zwischen den Weinstöcken, übergieße sie mit Benzin und zünde sie an, um die Rebstöcke warmzuhalten ... Dass bei der Verbrennung von Gummi hochgiftige Substanzen entstehen, die sowohl in die Pflanzen als auch in den Boden gelangen, schien niemanden zu kümmern, solange die Ernte gesichert war. Über mehrere Tage wurde dieses »Frostschutzmittel« angewandt, bis es wieder wärmer wurde. Seither konsumiere ich keinen französischen Wein mehr. Aber ob Winzer anderer Länder anders vorgehen, wenn es um ihre frierenden Reben geht?

»Eine Flasche [Wein], die nur fünf Euro kostet, würde ich nicht kaufen.« Für diese ironische Bemerkung wurde SPD-Kanzlerkandidat Peer Steinbrück in der Vorweihnachtszeit 2012 scharf kritisiert. Obwohl er mit dieser Auffassung eigentlich voll im Trend liegt; denn 2012 wurden zwischen Flens- und Freiburg weniger, dafür aber teurere Weine gekauft. Die 1,4 Milliarden verkauften Liter Wein brachten einen Umsatz von rund sechs Milliarden Euro (+1,2 Prozent ggü. 2011). Jeder (!) Bundesbürger hat 2012 also im Schnitt ca. 17 Liter Wein getrunken. Und ob dieser nun 3, 5 oder 35 Euro je Flasche gekostet hat: Hauptsache, er hat gemundet. Nun lässt sich über Geschmack zwar bekanntlich nicht streiten. Doch ein paar Weisheiten und mindestens ebenso viele Unwahrheiten rund um den Göttertrank gibt es schon. Und wer wüsste das besser als der staatlich vereidigte Weinsachverständige Peter Scheib[80], der seit dreißig Jahren Weine aus Deutschlands Regalen und Kellern kontrolliert ...

Willkommen in einem hessischen Winzerbetrieb mit Dependance in Franken. Die Spezialität des Hauses: Eiswein. Dieser wird üblicherweise aus Trauben gemacht, die – noch an der Rebe hängend – bei mindestens –7 Grad gefroren sind. Nicht so bei diesem Rheingau-Winzer: Der lässt, ganz gewieft, seine Eiswein-Trauben lieber im heimischen Eisfach gefrieren. Und hat er gerade keine schmackhaften Rheingau-Trauben zur Hand, holt er sich eben welche aus Franken – und fertig ist der edle Rheingau-Eiswein. Dank eines anonymen Hinweises flog dieser Schwindelwinzer auf. Allerdings führt auch mancher Hinweis ins Leere; denn der harte Wettbewerb auf dem Weinmarkt bringt es mit sich, dass Konkurrenten versuchen, sich gegenseitig anzuschwärzen und hinterrücks ein Bein zu stellen.

Doch selbst ohne Hinweise von Dritten werden immer wieder Betrügereien aufgedeckt. Schließlich gibt es allein im Land Berlin rund 12.000 Verkaufsstellen, die Wein im Sortiment haben, vom Spätkauf am Kottbusser Tor bis zur Weinabteilung im KaDeWe. Jährlich werden hier bis zu 1.000 Stichproben genommen. Auch von Württemberger Weinen. Das Anbaugebiet Württemberg ist vor allem für seine Rotweinlagen berühmt. Stichprobe: Laut Etikett handelt es sich um einen »Schwarzriesling«. Diese rote Traditionssorte, die als Petit Meunieur auch Bestandteil des Champagners ist, zeichnet sich durch eine sehr helle Farbe, weniger Fruchtaroma, dafür aber würzige Noten aus. Der Probewein im Glas ist jedoch tiefrot und schmeckt so wenig nach Schwarzriesling wie ein Pils nach Weißbier. Die chemische Analyse gibt der Kostprobe recht: Etikettenschwindel! Der entsprechende Württemberger Winzer ist rasch ausfindig gemacht, ebenso wie der Schwindelhintergrund: Unser Winzer hatte einen langjährigen Berliner Großkunden mit mehreren Einzelhandelsfilialen. Eines Tages rief dieser Kunde an und bestellte zwei Paletten Schwarzriesling. Als ihm mitgeteilt wurde, der Schwarzriesling sei aus, drohte er dem Winzer: ›Entweder du lieferst, mein Freund, oder ich kaufe den Schwarzriesling und alle anderen Weine in Zukunft woanders.‹ Aus der Not heraus schaute sich der Winzer schnell nach einer kostengünstigen Alternative um, bis er schließlich mit einem Lieferanten aus einem südfranzösischen Massenanbaugebiet handelseinig wurde. Dass es kein Schwarzriesling-Wein war, spielte nun auch keine Rolle mehr. Wenige Nächte später, eine Nachbarin erinnert sich genau, weil es so laut war, kam ein Tanklastzug und pumpte den Wein in des Winzers Keller. Die brave Bürgerin notierte sich das Autokennzeichen des LKW, und so konnte auch der Fahrer zu den Vorgängen befragt werden: Er habe sich gewundert, dass die Ware diesmal bar bezahlt worden sei. Auf diese Weise wurde aus dem Schwarzriesling ein Schwarzgeschäft und aus einem Württemberger Wein ein französischer. Egal, was das Etikett sagt ...

Jedes Jahr kommen Millionen Hektoliter Wein auf den Markt. Um eine Überproduktion zu vermeiden und die bestehenden europäischen Winzerbetriebe zu schützen, wurde der Weinmarkt in Europa zwar von der EU reguliert, doch in Staaten wie Südafrika und Australien bestehen solche Beschränkungen nicht. Und so gehen die Handelsagenturen, die Global Player unter den Weinkäufern, gerne auch in Übersee shoppen. Vielleicht sogar demnächst in China. Dort ist man jedenfalls gerade kräftig dabei, den Eiswein zu kultivieren, um sich ebenfalls eine Scheibe vom Weinweltmarkt abzuschneiden. Da auch für die Weinherstellung der Satz »Andere Länder, andere Sitten« gilt, werden importierte Weine an der deutschen Grenze kontrolliert. Zuständig ist die jeweilige Zolldienststelle, zum Beispiel in Hamburg und Bremen. Zwar dürfen auch europäischen Weinen eine Menge Zusatzstoffe während der Herstellung beigemengt werden, aber es gibt Grenzen ... und Grenzwerte, die einzuhalten sind,

156

zum Beispiel für den Schwefelgehalt (»Enthält Sulfite« / »Enthält Schwefeldioxid«[81]), da eine erhöhte Schwefelgabe durchaus gesundheitsschädlich sein kann. Auch die sogenannte flüchtige Säure, die dem Wein einen Essigstich oder eine Uhu-Note verpasst, macht etlichen Weinen, Winzern und Weinkontrolleuren zu schaffen. Verantwortlich für flüchtige Säure sind entweder Essigsäurebakterien, die sich in angegammeltem Lesegut bilden, oder fiese Milchsäurebakterien, die bei der Gärung Zucker in Essigsäure umsetzen. Dem Oenologen Volker Schneider zufolge ist dieses Problem nicht zuletzt hausgemacht, weil viele Winzer, geblendet von den schicken neuen Geräten und Maschinen, elementare Gesetzmäßigkeiten der Mikrobiologie außer Acht lassen. Der *geschmackliche* Grenzwert für flüchtige Säure liegt bei 0,6 Gramm je Liter (g/l), der *gesetzliche* bei 1,08 g/l (Weißwein) bzw. 1,20 g/l (Rotwein).

Liefert nun ein chilenischer Betrieb Weine nach Deutschland, muss diese Lieferung samt Kennzeichnung dem EU-Recht entsprechen. Ist das nicht der Fall, wird die Einfuhr an der Grenze verweigert. Da aber auch der Zoll nur stichprobenweise kontrollieren kann, landen natürlich immer wieder nicht koschere Tröpfchen in den Supermarkt- und Kioskregalen. Insbesondere bei der Sensorik wird gerne künstlich nachgeholfen. Schließlich wollen wir alle ja einen vollmundigen, weichen, harmonischeleganten Wein am Gaumen spüren. Hier ein Blick in die breite Produktpalette[82] für die perfekte Vinifizierung, das richtige Mouthfeeling und das gelungene, zeitsparende Finishing:

Ferroplex: »Zur Vermeidung von Metalltrübungen auf der Basis einer ausgewogenen Kombination von Gummi arabicum und Zitronensäure. Ferroplex verhindert, daß im Wein vorhandene Metalle mit anderen Weininhaltsstoffen reagieren und zu Trübungen führen.«

LittoTabs: »Sprudelnde Schwefeltabletten für die Schwefelung auch in Kleingebinden.«

MetaGum®: »Ein spezifisch konditionierter Homogenverbund von hochveresterter Metaweinsäure und Gummi arabicum zur Verlängerung der Kristallstabilität.«

MannoStructure: »Spezielle Aufbereitung von Hefederivat, Polysacchariden und oenolgischem Tannin, zur Verbesserung von Sensorik, Struktur und Mundgefühl im Wein.«

CombiGel®: »Ein Gelatine-Kaseinat-Hausenblasederivat zur Jungweinbehandlung. CombiGel® sorgt für eine gute Klärung, geschmackliche Abrundung und Verbesserung der Filtrierfähigkeit.«

Kal-Casin Leicht löslich: »Spezifisches Kaliumcaseinat zur Verminderung des Gerbstoffgehaltes, Bittertönen und Hochfarbigkeit.«

Wein ist somit zwar ein kontrolliertes, aber auch gekonnt komponiertes Industrieprodukt. Das gilt vor allem für den Massenmarkt. Verwässerung und heimlicher Traubenmix gehören da noch zu den harmlosen Tricksereien, um den Ab- und Umsatz hochzuschrauben. Wer sich hingegen an das nachträgliche Aromatisieren traut, spielt schon in der höheren Betrügerliga. Vielleicht meint auch deshalb manch ein Produzent von preisgekrönten oder mit Gault-Millau-Trauben prämierten Weinen, er sei dazu berufen und befugt; denn, so Peter Scheib, »Aromatisierung ist in der obersten Liga durchaus keine Seltenheit, um oben zu bleiben. Einfach a bisserl Grapefruit-Note dazu, dann ist's wieder das Spitzentröpfchen vom Vorjahr«, und die Weinwelt schwärmt erneut von dem so wunderbar lebendigen, nervigen Zitrusaroma ... Bei einem Sauvignon Blanc aus Südafrika, dessen Produzent wohl ebenfalls die Mode der fruchtigen Weine bedienen wollte, ging die Dosierung allerdings ziemlich daneben. Sauvignon Blanc hat normalerweise ein intensives Aroma von grünem Paprika und ein wenig von Schwarzer Johannisbeere. Der südafrikanische Sauvignon Blanc aber schmeckte extrem ausgeprägt nach Paprika *und* Johannisbeere. Die Analyse ergab, dass dem Wein nachträglich die ätherische Verbindung Pyracine zugesetzt worden war. Und bei einigen Weinen aus Argentinien entdeckte man kürzlich sogar Natamycin (E 235), ein antibiotisch wirkendes Arzneimittel gegen Pilzinfektionen. In Europa ist der Einsatz von Natamycin bei der Weinherstellung verboten. Bei Käse und Wurst übrigens *nicht*: »Rinde nicht zum Verzehr geeignet« heißt es dann üblicherweise ... Für das runde, weiche, auskleidende Mundgefühl wiederum bevorzugt die Weinfabrik die Zugabe von synthetischem Propan-1,2,3-triol, besser bekannt als Glycerin oder E 422. Attraktiver Nebeneffekt sind die »Kirchenfenster«, die sich am Glasinneren bilden, wenn man den Wein leicht hin und her schwenkt. Die größten Glycerinaktionen laufen bei den Großabnahmen: Wenn beim Discounter ein Gran Reserva (Spanien) für 2,99 Euro angeboten wird, so steckt da mit sehr hoher Wahrscheinlichkeit nicht nur der Wurm, sondern auch viel Glycerin drin. Denn ein echter Gran Reserva muss mindestens fünf Jahre, davon zwei Jahre im Eichenholzfass reifen, bevor er auf den Markt gebracht werden darf. Insbesondere Spanien steht derzeit aber stark unter Druck: Nach wie vor ist das Land des Flamenco und der Immobilienblasen eines der größten Weinproduzenten weltweit, die Nachfrage nach spanischem Wein jedoch ist spürbar zurückgegangen. In einer solchen Situation haben Großabnehmer wie Aldi, Tengelmann und Edeka gute Karten im Preispoker. »Irgendwann werden diese Winzerbetriebe regelrecht in die Kriminalität getrieben, um zu überleben«, sagt Peter Scheib. Denn während der Händlerabgabepreis immer stärker gedrückt wird, bleiben die Produktionskosten die gleichen ...

Wein(mono)kultur

»Der liebe Gott schützt seinen Rebensaft«, sagt Peter Scheib und meint damit, dass die Weinrebe aus dem Boden nur aufnimmt, was ihr guttut. Während also Apfel, Gurke oder Tomate bei Überdüngung des Bodens hohe Schadstoffwerte (z. B. Blei, Kadmium) in der Frucht aufweisen, ist in der Traube nichts dergleichen zu finden. Allerdings werden Trauben stattdessen aus anderer Richtung von Schadstoffen heimgesucht, um Schädlinge von ihnen fernzuhalten. An besonders steilen Weinhängen sollen neuerdings sogar unbemannte Drohnen beim gezielten Spritzen helfen. Spätestens sechs Wochen vor der Ernte, so die Vorschrift, muss jedoch Schluss sein mit der Schädlingsbekämpfung aus der Luft, damit die Traubenoberfläche bei der Lese wieder schadstofffrei ist. Sollte es in diesen sechs Wochen nicht regnen, dürften die Trauben aber noch reichlich Schadstoffe an sich haben ... Insofern ist die wachsende Popularität von Bioweinen bei uns Weintrinkern recht gut nachvollziehbar. Und immer mehr Weinbauern schließen sich dem Ökotrend und einem der entsprechenden Anbauverbände (Bioland, Demeter etc.) an. Derzeit gibt es in Deutschland jedoch nur einen Verband, der sich auf ökologischen Weinanbau spezialisiert hat: Ecovin. Völlig auf anorganische Pflanzenschutzmittel zu verzichten ist allerdings auch für die Ökowinzer nicht möglich. Aber man beschränkt sich immerhin auf Schwefel- und Kupferpräparate. Letztere sind jedoch umstritten, weil sich das Kupfer im Boden anreichert. Aufgrund der steigenden Nachfrage nach Bioweinen – das bringt Popularität so mit sich – wird zudem darüber nachgedacht, auch Ökoweine in riesigen Tanks quer durch Europa gondeln zu lassen. Von »vagabundierenden Weinen« hält Weinspezialist Peter Scheib grundsätzlich nichts – und schon gar nicht bei Bioweinen: Erstens tue dieses Hinundhergeschüttele von zigtausend Litern keinem Wein gut, denn Wein sei empfindlich, und zweitens verführe es nur wieder zu neuen Schummeleien. Inzwischen tragen einige Weine auch das EU-Biosiegel; dessen Standards seien allerdings stark verbesserungswürdig, so Scheib: »... denn schwuppdiwupp haben's a Bapperl drauf.«

Darf ich Sie nun noch kurz auf ein Gläschen Wein einladen? Das Lokal liegt in einem Berliner Szenekiez, und die Weinkarte lockt mit ausgewählten Weinen aus aller Welt – nicht ganz preiswert, aber wirklich guter Wein darf und sollte ja auch ruhig etwas kosten. Ein charmant lächelnder Kellner nimmt unsere Bestellung auf und verschwindet damit hinter der Theke. Dort stehen diverse leere Edelwein-Flaschen. Auch der von uns bestellte kraftvolle Mersault, ein wunderbarer Chardonnay aus Burgund. Daneben: weißer Billigwein in einer Zweiliterbuddel, aus der die leere Mersault-Flasche nun befüllt wird ... Kein Witz, sondern die Wirklichkeit eines Weinkontrolleurs.

WEINGENIESSER-NAVI

90 Prozent aller Weine in Deutschland werden im Supermarkt verkauft: Wer bei der Wahl des Weines auf den Hinweis »Erzeugerabfüllung« achtet, kann davon ausgehen, dass dieser Wein vom Weinberg bis zur Flaschenabfüllung keine Umwege gemacht hat. Formulierungen wie »abgefüllt durch« und »abgefüllt für« hingegen bedeuten nichts anderes, als dass sich in der Flasche höchstwahrscheinlich ein Sammelsurium verschiedener Weine befindet.

Beim Weinkauf junge Jahrgänge bevorzugen: Je nach Rebsorte ein bis maximal fünf Jahre; Dornfelder und Müller-Thurgau so jung wie möglich genießen, besserer Riesling und Spätburgunder können länger gelagert werden.

> Geöffnete Weine möglichst innerhalb eines Tages trinken. Bleibt etwas übrig, eignet sich der Wein gut zum Kochen.
>
> Finden Sie im Supermarkt einen Wein, der Ihnen schmeckt, kaufen Sie davon am besten gleich zwei Kisten, denn in sechs Wochen stehen im Regal zwar Flaschen mit dem gleichen Etikett, aber mit einem komplett anderen Wein; so könnten die Trauben zum Beispiel nicht mehr aus dem Chianti-Gebiet stammen, sondern aus Kalabrien.
>
> Sie entscheiden sich für ein Weinfachgeschäft? Dann vergewissern Sie sich mit ein paar Fragen an den Verkäufer nach Jahrgang, Restsüße und Reifung, dass Sie es tatsächlich mit jemandem zu tun haben, der nicht nur viel Wein trinkt, sondern sich mit Wein auskennt. Zum Beispiel: »Ich habe ein Problem mit zu viel Säure im Wein.« Wird Ihnen dann ein deutscher Wein Jahrgang 2010 empfohlen, sollten Sie sich lieber nach einem anderen Laden umschauen.

Abschließend noch ein Tipp in Sachen Nachhaltigkeit und CO_2: Wein produzierende Länder wie Australien, Südafrika, USA, Chile, Argentinien drängen immer aggressiver auf den Weltmarkt und gestalten ihre Preise so, dass sie bei uns trotz des aufwändigen Transports via Flugzeug, Schiff und Lkw mit europäischen Weinen konkurrieren können. Frage: Muss mein Wein wirklich um den halben Globus gegondelt und geschüttelt worden sein, bevor ich ihn genieße? Wohl kaum. Nirgendwo gilt meines Erachtens so sehr die Pflicht zum regionalen Konsum wie bei Wein. Immerhin sitzen die ältesten und besten Winzer in Europa – und die Transportwege halten sich in dessen Grenzen. Auch dürfte sich herumgesprochen haben, dass der alte Korken und seine baumfeindliche Produktion überflüssig geworden sind. Selbst Spitzenweine gibt es längst mit Schraubverschluss oder alternativen Verschlussmaterialien. Warum also weiter Weinflaschen mit Korken kaufen? Zumal das Thema »verkorkter Wein« damit auch vom Tisch wäre ...

10 Kleine Leute, große Meute: Die unterschätzte Macht des Konsumenten

*»Die Menschen zögern oft, einen Anfang zu machen,
weil sie fühlen, dass das Ziel nicht vollständig erreicht werden
kann. Diese Geisteshaltung ist genau unser größtes Hindernis
auf dem Weg zum Fortschritt, ein Hindernis, das jeder Mensch,
sofern er nur will, aus dem Weg räumen kann.«*
Mahatma Gandhi

Alles, was ich hier an Konsumentenappellen präsentiere, richtet sich genauso an mich selbst, den »Vielflieger gegen den Klimawandel«[83] und »Affenversteher«[84]; zwar gebe ich mir Mühe, getreu dem Credo »Du bist nicht allein auf der Welt« zu leben, aber faule Kompromisse und Informationsdefizite bleiben auch bei mir nicht aus ...

Die meisten von uns erinnern sich noch an den BSE-Skandal, seinerzeit Rinderwahnsinn getauft. Er verursachte einen gewaltigen Medienwirbel und scharfe Kritik an der Verbraucherpolitik. Seitdem gibt es offiziell ein Bundesministerium, das dem Verbraucherschutz verpflichtet sein soll, gleichzeitig aber dem Ministerium für Ernährung und Landwirtschaft angegliedert ist ... Der BSE-Skandal war jedoch nicht nur Auslöser für das neue Ministerium, sondern führte auch zu einem kurzzeitigen Rückgang des Fleischkonsums um 50 Prozent (inzwischen verzehrt der Durchschnittsdeutsche allerdings wieder rund 60 Kilogramm Fleisch pro Jahr[85]) und schließlich zur Gründung der

163

einflussreichen, bereits erwähnten Verbraucherorganisation foodwatch[86]. Somit hat der Konsument nun zwei potente Interessenvertreter in puncto Lebensmittelskandale: einen »oben«, einen »unten«. Dass die da »oben« schon allein aufgrund der gleichzeitigen Verpflichtung gegenüber Landwirtschaft, Massentierhaltung und Lebensmittelindustrie in Konflikte geraten und eher vertuschen als aufdecken würden, liegt auf der Hand – und verlangt letztlich nach einer Trennung der Ministerien. Umso wichtiger das foodwatch-Ziel, der Agrar- und Lebensmittelindustrie sowie industriehörigen Politikern, von denen leider auch viele im Verbraucherschutzministerium sitzen, auf die Finger zu schauen. Dass foodwatch mit diversen Klagen seitens der Industrie attackiert wird, beweist nur, welch ein Dorn diese Organisation in den Augen der Lebensmittel-Mafia ist – und wie unersetzlich für den Konsumenten ... Inzwischen gibt es etliche nicht-staatliche Verbraucherorganisationen und -plattformen, die sich verschiedenen Themenbereichen verschrieben haben. Ihre schärfste Waffe ist das Internet, denn dort verbreiten sich aufgedeckte Lügen, Irreführung und Verstöße wie ein Lauffeuer, sodass sich fast von einem Tag auf den anderen eine gezielte Kampagne auf die Beine stellen lässt. Doch nicht nur, dass sich in sämtlichen Entscheidungsgremien längst Industrievertreter breitgemacht haben – von den finanziell gut gepolsterten Lobbyisten und ihren Grabenkämpfen gegen die Konsumenteninteressen ganz zu schweigen –, auch Industrie und Politik agieren mittlerweile per Internet, um ihre Ziele durchzuboxen und den surfenden Konsumenten einzufangen. Am elegantesten über vermeintliche Informationsportale, die sich erst auf den zweiten Blick als gut getarnte Werbe-, Manipulations- oder reine Ablenkungsmanöver entpuppen. Zum Beispiel die Plattform Ernährung und Bewegung (PEB)[87]: Ziel des Vereins sei es, der Entstehung von Übergewicht vorzubeugen, heißt es auf der PEB-Homepage. Nehmen Sie das Firmen wie McDonald's, Nestlé, Mars und Ferrero ab? Wollen die von nun an wirklich auf kinder- und jugendaffine Werbung für Schokoriegel, Milch-Schnitte und Cheeseburger verzichten? Womit wir wieder bei den Einbrechern wären, die für unsere Sicherheit verantwortlich sein sollen.

 KONSUMENTEN-NAVI
Wenn Werbung durch die Hintertür kommt:
Achtung vor vermeintlich unabhängigen Informationsseiten und Vergleichsportalen wie Check24 und Verivox im Internet.
Sie wollen wissen, wer hinter der Website steckt? Über www.united-domains.de lässt es sich herausfinden.

Trotzdem bleiben Attacken, Kampagnen und Widerstände aus den Konsumentenreihen nicht erfolglos: McDonald's wird gezwungen, eine Unterlassungserklärung zu unterschreiben und seine Werbung bzw. seine unverschämte Verbrauchertäuschung zu stoppen – denn von »*natürlichen*« Backhilfsmitteln kann bei den Pappbrötchen nun wahrlich keine Rede sein[88]; ein Kaiser's Supermarkt im Berliner Stadtteil Prenzlauer Berg richtet nach Protesten entnervter Kunden mit Kleinkindern sogenannte Familienkassen ohne Quengelware (Überraschungseier & Co.) ein[89]; und Coca Cola entfernt nach einer Onlinepetition ein riesiges Werbeplakat an einem Berliner Mietshaus ...[90]

Das Internet mit seinen Aktionsplattformen hat sich zu einem spitzen Dolch der Konsumentenlobby entwickelt, der vor allem kurzfristig und punktuell extrem effektiv ist. Einige populäre Beispiele: Das internationale Kampagnen-Netzwerk Avaaz (www.avaaz.org) mobilisiert bis zu sechs Millionen seiner inzwischen knapp zwanzig Millionen Mitglieder, um per Petition politische Entscheidungen zu beeinflussen und auf Missstände in der Welt aufmerksam zu machen. Change.org (www.change.org) wurde wie Avaaz im Jahr 2007 gegründet und ist ebenfalls eine weltweite Plattform für Onlinepetitionen, bei der allerdings die Nutzer selbst bestimmen, welche Petitionen gestartet werden.[91] Ganz anders funktioniert ein »Carrotmob«: Hier wird positiver Druck auf Unternehmen, in der Regel allerdings Einzelhändler, ausgeübt, indem ihnen eine Mohrrübe vor die Nase gehalten wird: ›Wir organisieren dir einen Haufen Kundschaft, wenn du einen Teil der Einnahmen in die klimagerechte Sanierung deines Ladens investierst.‹ Den Zuschlag bekommt, wer am meisten Öko-Veränderung bietet. Eine witzige, sympathische Idee. Joycott (www.joycott.org) wiederum ist eine Plattform, die

Unternehmen ins Rampenlicht rückt, die in Sachen soziale und ökologische Verantwortung vorbildlich arbeiten.

Solche Bürgerwehren per Internet lassen sich allerdings auch sehr bequem als persönliche »Gewissensseife« verwenden. Denn seine Unterschrift im Internet abzugeben ist das eine, etwas mehr Geld für sauberes Essen, Ökostrom, grüne Mode oder den CO_2-Ausgleich beim Fliegen auszugeben das andere. Sprich: Gegen den Wachstumswahn der Industrie, deren Botschaften immer ins Herz der Überflussgesellschaft zielen und deren Herzenswunsch treudoofe Konsumenten sind, helfen nur transparente Verbraucherinformation samt den entsprechenden Gesetzen sowie konsequentes Umdenken bei jedem Einzelnen ...

> *»Die Hoffnung hat zwei schöne Töchter: die Wut darüber,*
> *wie die Dinge sind, und den Mut, sie zu verändern.«*
> Augustinus

Wie mächtig der Mob bzw. Druck von der Straße sein kann, bewiesen die deutschen Autofahrer/innen Mitte der 1990er-Jahre und somit noch vor dem Siegeszug des Internets, als der Ölmulti Shell seinen schwimmenden Öltank »Brent Spar« einfach in der Nordsee verschwinden lassen wollte. Nachdem Shell-Tankstellen wochenlang boykottiert worden waren, knickte Shell schließlich ein und entsorgte den Tank sachgemäß an Land. Und der Internetversandriese Amazon kündigte im Februar 2013 prompt zwei umstrittenen Partnerfirmen, weil deutsche Kunden infolge einer kritischen ARD-Dokumentation[92] über die skandalösen Arbeitsbedingungen ihre Amazonkonten gelöscht hatten und deutsche Unternehmen wie Trigema und dm ihre Zusammenarbeit mit Amazon in Frage stellten. Starbucks wiederum zahlt in England freiwillig 20 Millionen Pfund Steuern nach, weil bekannt wurde, mit welchen Tricks der Coffeeking jahrelang Steuern »gespart«

167

hat, und die Kunden ihren Kaffeedurst plötzlich woanders stillten.

Jawohl, der Mob, gerne auch als Wutbürger beschimpft, ist mächtig. Es gibt also weder Grund noch Entschuldigung, sich als treudoofer Konsument belügen und manipulieren zu lassen. Durchdachter, qualitätsbewusster Konsum ist angesichts der immer schamloseren Betrügereien und Geschäftspraktiken verschiedener Industrien mittlerweile Bürgerpflicht. Und obendrein macht es doch Spaß, dabei zuzusehen, wie Konzerne (oder Parteien) zappeln, wenn König Kunde ihnen mal den (geistigen) Mittelfinger zeigt, oder? Man denke nur an die 180-Grad-Kehrtwende der schwarz-gelben Bundesregierung in Sachen Laufzeitverlängerung für Atomkraftwerke binnen weniger Tage. Massiver Protest gegen die Kernenergie machte es möglich ...

»Große Ziele erreicht man selten allein«, sagte Albert Einstein, und: »Die reinste Form des Wahnsinns ist, alles beim Alten zu lassen und trotzdem zu hoffen, dass sich etwas ändert.« Mein Appell ist also, dass wir uns nicht wie ohnmächtige Lämmer einer Wachstums-, Konsum- und Wegwerfgesellschaft vor- und verführen lassen, sondern dass wir als gutgelaunte Wut- und Mutbürger handeln, uns informieren und austauschen. Immerhin ist »der bewusste Konsument« laut Innova Market Insights[93] bereits der Trend, der die Lebensmittelindustrie im Jahr 2013 und darüber hinaus am stärksten beeinflussen wird ...

KONSUMENTEN-NAVI
Was beim Umdenken und Umlenken hilft ...

Wider den Wachstumswahn:
z. B. www.decroissance-bern.ch
Portal der Verbraucherzentralen:
www.lebensmittelklarheit.de
Damit kostbare Lebensmittel nicht im Müll landen:
www.foodsharing.de
Nutzen statt besitzen und tauschen statt kaufen:
www.tauschring.de
www.dietauschboerse.de
www.kleiderkreisel.de
Und für den schnellen Check, wie sauber oder dreckig ein Konzern bzw. eine Marke arbeitet:
www.fairness-check.de

Mehr Tipps und Positiv- wie Negativbeispiele finden sich auf meiner Website: www.die-grosse-volksverarsche.de.

11 Mein persönlicher »Konsumdschungel«-Guide

Outdoor-, Winter-, Sportbekleidung: einzelne Artikel von Patagonia, Puma, Adidas.

Reinigungsmittel: Frosch, Ecover.

Kosmetikartikel: Dr. Hauschka / WALA GmbH.

Drogerie-Artikel: kaufe ich bei dm, weil das Unternehmen vorbildlich ist im Umgang mit Mitarbeitern, in seinem Engagement für Nachhaltigkeit und bei Sozial-Projekten wie den »Singenden Kindergärten«.

Telefongesellschaften: die gute alte Telekom, weil sie als einziger Anbieter ein vernünftiges Recycling-Programm hat. Und weil René Obermann ein CEO ist, für den Nachhaltigkeit mehr ist als ein Modewort.

Autos/Zweiräder: Die Hybrid-Fahrzeuge von Toyota und Honda; Nissan Leaf (E-Auto), BMW i (E-Auto ab Herbst 2013), VW up! (Spritspar-Modell), Opel Ampera/GM Volt (E- bzw. Hybrid-Modell), Tesla (E-Autos). Der E-Scooter von BMW (ab 2014).

Lebensmittel: Bio-Läden, auch wenn nicht überall Bio drin ist, wo Bio draufsteht. Die Bio-Produktionsmethoden sind in jedem Fall besser für Boden, Luft, Grundwasser und Gewässer als die konventionellen, chemisch überdüngten und genetisch manipulierten. Werde ich unsicher im Siegel- und Etiketten-Dschungel, dann halte ich mich an Demeter-Produkte. Die sind besonders streng kontrolliert.

Wenn's um *Milchprodukte* geht, ist mir die Andechser Molkerei sympathisch, denn im Gegensatz zu Weihenstephan gehört die *nicht* zu Müllermilch, sondern ist unabhängig und streng biologisch.

Eiscreme: Ben & Jerry's. Zwei linksliberale Alt-Hippies aus Vermont, die ihren gesamten Gewinn in Umweltprojekte und die Verbesserung ihrer Firma stecken.

Kaffee: Darboven bzw. grundsätzlich nur Biokaffee mit Fairtrade-Siegel.

Mineralwasser/Erfrischungsgetränke: Zur heimischen Herstellung von Mineralwasser, Limonade, Cola, Energiedrinks nehme ich Leitungswasser und einen Sodasprudler.
Und wenn doch Wasserkauf, dann »Viva con Agua«-Wasser, das Teil von Benny Adrions großartiger Wasserinitiative Viva con Agua de Sankt Pauli ist. Unterstützen!

Klamotten/Schuhe: Einige wenige Marken sind auf einem guten Weg. Levi's hat zum Beispiel den Wasserverbrauch bei der Jeansproduktion radikal reduziert und damit einen neuen Standard in der Textilindustrie gesetzt. Marc O'Polo verarbeitet zunehmend Bio-Baumwolle und produziert keine Ware in Bangladesch. Snipe-Schuhe (Spanien) aus recycelfähigem und teils recyceltem Material, ohne Chrom-Gerbung; noch konsequenter ist OAT Shoes (Niederlande).

Grundsätzlich orientiere ich mich an dem Fairwear- und GOTS-Siegel und versuche am Etikett abzulesen, wo die Ware hergestellt wurde.

Für Haute-Couture-Fans und -Kunden: Julia Starp aus Hamburg ist Deutschlands einzige komplett nachhaltig und umweltfreundlich arbeitende Mode-Designerin. International engagiert sich Valentino.

Uhren: Jaeger-LeCoultre. Diese Marke nähert sich konsequent einer CO_2-neutralen Produktionsweise und unterstützt Umweltprojekte im Ozean- und Antarktis-Schutz.

Stromanbieter: naturstrom, Greenpeace Energy, EWS Schönau ... Wechseln!

Fernsehen/Hörfunk: Über Geschmack lässt sich bekanntlich nicht streiten, das gilt auch für den TV- und Radio-Konsum. Aber für Leute, die gezielt fernsehen und zu festen Sendezeiten oft verhindert sind, sind die Mediatheken der öffentlich-rechtlichen Sender, insbesondere die des ZDF, hervorragend gestaltet. Dort gucke ich fast alles was sehenswert ist, egal ob im Doku- oder fiktionalen Bereich. Und um als Verbraucher, Wähler, Nachrichten-Interessierter auf dem neuesten Stand zu sein, sind die öffentlich-rechtlichen Info-Sender nach wie vor unersetzlich (in Bayern beispielsweise Bayern 2 und Bayern 5).

Wer eine Marke bzw. Firma lobend erwähnen oder einen Hersteller als besonders konsumenten- bzw. umweltfeindlich anprangern möchte, kann dies auf meiner Website www.die-grosse-volksverarsche.de gerne tun!

12 Werke und Websites für Wahrheitssucher[94]

Alle Quellen und weiterführenden Links wurden im März 2013 von mir überprüft. Aber das Internet ist schnelllebig.

Mit Urteil vom 12. Mai 1998 – 312 O 85/98 – »Haftung für Links« hat das Landgericht (LG) Hamburg entschieden, dass durch die Schaltung von Links die Inhalte der gelinkten Seite ggf. mit zu verantworten sind. Dies kann, lt. LG, nur dadurch verhindert werden, dass der Betreiber sich ausdrücklich von diesen Inhalten distanziert.

Daher übernehme ich keinerlei Verantwortung für den Inhalt der folgenden Links und Webseiten.

Utopia.de – das Portal für Nachhaltigkeit (www.utopia.de).
LobbyControl. Aktiv für Transparenz und Demokratie (www. lobbycontrol.de).

Konsument. Das österreichische Verbrauchermagazin (auch online unter www.konsument.at).
Rat für Nachhaltige Entwicklung (Hg.): Der Nachhaltige Warenkorb. Einfach besser einkaufen. Ein Ratgeber. 4. komplett überarbeitete Auflage. Berlin 2012.
Heinrich-Böll-Stiftung / NABU (Hg.): Nutzen statt Besitzen. Auf dem Weg zu einer ressourcenschonenden Konsumkultur. Schriften zur Ökologie. Band 27. 2012.
Online-Lexikon für Nachhaltigkeit: www.nachhaltigkeit.info.

Heldenmarkt – Messe für nachhaltigen Konsum: www.heldenmarkt.de. Die Messe findet jährlich in Berlin, Bochum, Frankfurt/M., München und Stuttgart statt.

Michael J. Sandel: Was man für Geld nicht kaufen kann. Die moralischen Grenzen des Marktes. Ullstein Verlag, Berlin 2012.
Marco Bülow: Die Lobby-Republik. Institut Solidarische Moderne. Schriftenreihe Denkanstöße. 27. Mai 2010.

greenpeace magazin 4.07: Der Müll und die Mythen.
Werner Boote: Plastic Planet (DVD). EuroVideo. 2010.
Sandra Krautwaschl: Plastikfreie Zone. Wie meine Familie es schafft, fast ohne Kunststoff zu leben. München 2012.
PlasticOceans. The Film: http://www.plasticoceans.net/the-documentary/.

Finanzmarketing-Blog: www.matthias-schubert.com.
Artur P. Schmidt: Unter Bankstern. EWK-Verlag, Kühbach-Unterbernbach 2009.
Die Website www.banksecrets.eu liefert tiefere Einblicke in die Geschäfte verschiedener großer Banken.

www.goldmedia.de (Medien: Studien und Auswertungen).
Goldmedia (Hg.): Call Media in Europa. Marktanalysen und rechtliche Rahmenbedingungen in Deutschland, Österreich, Frankreich, Italien und der Schweiz. VISTAS Verlag, Berlin 2007.
brand eins, 08/2007: Was sind eigentlich ...: Einschaltquoten? (http://www.brandeins.de/magazin/fehler-kommt-ganz-darauf-an-was-man-daraus-macht/was-sind-eigentlich-einschaltquoten.html).
www.movie-college.de.

www.marktcheck.at ist ein Zusammenschluss von zwölf Organisationen unter dem Greenpeace-Dach, um Konsumenten möglichst umfassend und aktuell über Produkte, deren Inhaltsstoffe und Produktionsbedingungen zu informieren.

www.sonnenseite.com (verantwortlich: Franz und Bigi Alt). »Kleines Lexikon der Agrar-Kraftstoffe«: http://www.br.de/fernsehen/bayerisches-fernsehen/sendungen/ kontrovers/biokraftstoff-nachwachsende-rohstoffe100~_node-5f9f915c-87e8-42d2-bd0e-9321585c6ee9_-456ce3ac4f51af-1db181bcc6ff660387e52ab67c.html. Öko-Institut e. V.: www.oeko.de. www.klimaretter.info. Das Magazin zur Klima- und Energiewende. www.cleanthinking.de. Wirtschaftsmagazin rund um Cleantech und die Technologien der Energiewende.

www.sauberekleidung.de. www.femnet-ev.de. www.cleanclothes.at (hier besonders übersichtlich und aufschlussreich: der »Firmen-Check«). www.kirstenbrodde.de: Dr. Kirsten Brodde und ihr Team engagieren sich seit Langem für »Grüne Mode« und haben sogenannte *Grüne Listen* ausgearbeitet: Grüne Liste 1: Ethical Fashion Stores/Läden in Deutschland, Grüne Liste 2: Eco Fashion Stores/Läden in Europa, Grüne Liste 3: Ethical Fashion Top-Seller-Brands, Grüne Liste 4: Grüne Labels aus Deutschland, Grüne Liste 5: Grüne Labels International. www.aktiv-gegen-kinderarbeit.de.

Gisela Burckhardt (Hg.): Mythos C$R. Unternehmensverantwortung und Regulierungslücken. Horlemann Verlag. Bonn 2011.

Die Aktion *Ethics in Business* ist eine Allianz von Unternehmen, Visionären und Spielveränderern, die Werte leben wollen. Gemeinsam in neue Richtungen gehen und den Weg bahnen für eine verantwortungsvolle ökonomische Wertschöpfung. www.ethics-in-business.de.

Greenpeace (Hg.): Giftige Garne. Der große Textilien-Test von Greenpeace. November 2012.

TV-Dokumentationen:

»Blood, Sweat and T-Shirts« (Episode 1–4, BBC, 2008)

»Der Preis der Blue Jeans« (NDR, 5.3.2012)

»Todesfalle Textilfabrik« (NDR, 27.11.2012).

Medico International. Medico-Report 27: Patienten, Patente und Profite. Mabuse-Verlag, Frankfurt am Main 2008.

BUKO Pharma-Kampagne: www.bukopharma.de (siehe: Nachgehört & Nachgelesen).

Ray Moynihan / Barbara Mintzes: Sex, Lies + Pharmaceuticals. How Drug Companie profit from Female Sexual Dysfunction. Greystone Books, 2010.

Coordination gegen Bayer-Gefahren (CBG): www.cbgnetwork. org.

Thilo Bode: Die Essensfälscher. Was uns die Lebensmittelkonzerne auf die Teller lügen. S. Fischer, Frankfurt am Main 2010.

Clemens G. Arvay: Friss oder stirb. Wie wir den Machthunger der Lebensmittelkonzerne brechen und uns besser ernähren können. Ecowin Verlag, Salzburg 2013.

Quellenverzeichnis

Stand der Recherche: März 2013

Einleitung

Hans Merkle: Lobbying: Praxishandbuch für Unternehmer. Darmstadt 2003.

Der Spiegel, 46/2012, S. 161 ff.

Der Spiegel, 22/2012, S. 15.

Ex und hopp

Die Welt, 30.12.2012: Zehn Jahre Dosenpfand brachten Hass in Flaschen.

DUHwelt 2/2012, S. 18 ff.

umwelt aktuell 12.2011/01.2012, S. 2 f.

hr-online, alles wissen, 18.4.2012.

Mark Kinver: Accumulating ›microplastic‹ threat to shores. BBC News. 27 January 2012.

Umweltbundesamt (Hg.): Untersuchung der Umweltwirkungen von Verpackungen aus biologisch abbaubaren Kunststoffen. Durchführung der Studie: ifeu – Institut für Energie- und Umweltforschung Heidelberg GmbH. Dessau 2012.

Die Welt kompakt, 26.9.2012, S. 21.

Huffington Post, 2013/01/02.

Bund Ökologische Lebensmittelwirtschaft (Hg.): Nachhaltige Verpackung von Bio-Lebensmitteln. Ein Leitfaden für Unternehmen. Berlin 2011.

Rien ne va plus

Finanzmarketing-Blog: www.matthias-schubert.

brand eins, 01/13, S. 20 ff.

WELT KOMPAKT, 8.1.2013, S. 23.

handelsblatt.com, 17.7.2012: So leicht verdienen Finanzvermittler ihr Geld.

tagesspiegel.de, 21.12.2008: Martensteins Kolumne. Super prima Anleihen.

Volksdroge Glotze

Anders Grøntved / Frank B. Hu: Television Viewing and Risk of Type 2 Diabetes, Cardiovascular Disease, and All-Cause Mortality. A Meta-analysis. In: The Journal of the American Medical Association. 15.6.2011.

Süddeutsche.de, 19.2.2013: Zu viel Fernsehen im Kindesalter macht asozial.

Audrey Jane Gaskins et al.: Physical activity and television watching in relation to semen quality in young men. In: British Journal of Sports Medicine. 4.2.2013.

Frankfurter Allgemeine Zeitung, 10.10.2011: Leben mit dem Schirm.

AGF/GfK Fernsehforschung: Entwicklung der durchschnittlichen Verweildauer pro Zuschauer/Tag in Minuten.

Hans-Jürgen Weiß / Annabelle Ahrens: Scripted-Reality-Formate: Skandal oder normal? Ein Orientierungsvorschlag. In: tv diskurs 61, 3/2012, S. 20 ff.

www.goldmedia.de: Social TV-Jahrescharts 2012.

Alm GbR – die Medienanstalten (Hg.): Programmbericht. Fernsehen in Deutschland. Programmforschung und Programmdiskurs: »Fernsehen und soziale Netzwerke«. 2013.

Maya Götz: Wie Kinder und Jugendliche *Familien im Brennpunkt* verstehen. In: *TelevIZIon* 25/2012/1.

Frankfurter Allgemeine Zeitung, 25.10.2012: Echte Strategen machen es anders.

brand eins, 08/2007: Was sind eigentlich ...: Einschaltquoten?
www.movie-college.de.

Heute schon gecremt?

Men's Health, 15.9.2012: Männerkosmetik floriert.

Der Handel, 8.4.2012: Schönheitsbranche umgarnt Männer.

Handelsblatt, 14.5.2012: Diese Firmen lassen uns jünger aussehen.

Die Zeit, 23.2.2012 (Nr. 09): Deo Nummer 79.

Legal Tribune online, 4.12.2012: Vollliberalisierung statt Strengregulierung.

Inke Jochims: Ausstieg aus der Zuckersucht. Wie Botenstoffe helfen können. Hedwig-Verlag, Berlin 2004. S. 12.

Bild am Sonntag, 22.7.2012: BB Creams: Wie gut sind die Wundercremes?

Mission oder Milliardenmarkt?

McKinsey & Company (Hg.), 9/2012: Energiewende-Index Deutschland 2020.

Energiewirtschaftliche Tagesfragen, 12/2012: Energiewende-Index Deutschland 2020.

Frankfurter Allgemeine Zeitung, 12.2.2012: Biokraftstoff schadet Klima.

brand eins, 05/2010: Woher nehmen wir nur die Energie ...

brand eins, 05/2011: viel heiße Luft.

Handelsblatt, 28.11.2012: Kabinett beschließt Stromverzicht auf Zuruf.

Die Welt kompakt, 5.12.2012, S. 28.

Handelsblatt, 28.1.2013: Proteststurm gegen Strompreis-Bremser Altmaier.

Bayerisches Fernsehen, 5.12.2012: Kontrovers extra, »Der Ökoschwindel – Die Legende vom sauberen Biosprit«.

Öko-Institut e.V. (Hg.): Strompreisentwicklungen im Spannungsfeld von Energiewende, Energiemärkten und Industriepolitik. Kurzstudie. 11.10.2012.

Volker Quaschning: Erneuerbare Energien und Klimaschutz. Carl Hanser Verlag, München 2010.

klima-luegendetektor.de. 21.8.2010: Eon & Co. Energievergangenheit für Deutschland.

Frankfurter Allgemeine Zeitung, 21.8.2010: 40 Manager greifen Röttgens Politik an.

Frankfurter Allgemeine Zeitung, 16.1.2013: Mitsubishi beteiligt sich am Ausbau des Offshore-Netzes.

3sat, 27.1.2012 (Kulturzeit): Die befreite Partei. Die FDP in Treuenbrietzen schafft sich ab.

rbb Nachrichten, 13.12.2012: Brandenburg toppt, Berlin floppt.

Giftige Grüße aus Bangladesch

Kampagne für Saubere Kleidung (Hg.): Im Visier: Discounter. Eine Studie über die Arbeitsbedingungen bei Zulieferern von Aldi, Lidl und KiK in Bangladesch. 2012.

faz.net, 5.12.2012: Textilindustrie steht vor einem Wandel.

asiafloorwage.wordpress.com, 24.11.2012.

guardian.co.uk, 25.11.2012: Bangladesh textile factory fire leaves more than 100 dead.

wiwo.de, 26.9.2012: Die Modelüge – wie deutsche Firmen produzieren lassen.

evidero.de, 11.4.2012: Billig, billiger, Bangladesch.

Frankfurter Rundschau, 9.10.2012, S. 13.

brand eins, 11/2010: Wie wird man mit Ramsch reich?

brand eins, 01/2012: Schnell, schön und schlank.

WISO Diskurs, November 2012: Soziale Indikatoren in Nachhaltigkeitsberichten. Friedrich-Ebert-Stiftung, Bonn.

Gisela Burckhardt (Hg.): Mythos C$R. Unternehmensverantwortung und Regulierungslücken. Horlemann Verlag. Bonn 2011.

Süddeutsche Zeitung, 11.1.2012: Für einen Hungerlohn.

Süddeutsche Zeitung, 5.3.2012: Der Traum vom guten Arbeiten in Bangladesch.

Spiegel-Online, 11.11.2009: Otto baut soziale Textilfabrik in Bangladesch.

greenpeace.de, 20.11.2012: Die giftige Masche der Modemarken.

Die Welt, 20.11.2012: Gefährlicher Chemikalien-Cocktail in Textilien.

Gisela Burckhardt: Die Schönfärberei der Discounter. Klage gegen Lidls irreführende Werbung. Kampagne für Saubere Kleidung. April 2010.

Die Welt kompakt, 28.1.2013: Die Bluejeans grünt und grünt. S. 24 f.

Der Deutschen heiligste Kuh

FOCUS Online, 2.3.2011: Autos und Kfz-Teile wichtigste Exportgüter Deutschlands.

Die Welt kompakt, 26.2.2013, S. 22.

Spiegel online, 31.1.2013: Strengere Abgasnorm: EU lässt die Auto-Lobby abfahren.

VCD Verkehrsclub Deutschland (Hg.): VCD Auto-Umweltliste 2012/2013.

Spiegel online, 25.9.2012: Daimler boykottiert Vereinbarung zu R1234yf.

Zeit online, 19.9.2011: Der Weg zur Stromtankstelle ist lang.

mobility20.net: Normung in der Elektromobilität.

Spiegel online: einestages. Summsumm statt brummbrumm.

NZZ Folio 08/08: Was wäre, wenn sich das Elektroauto durchgesetzt hätte?

Die Welt, 5.6.2012: Brüssel will europäische Autoindustrie stützen.

blog.greenpeace.de, 6.6.2012: Volkswagen und deutsche Autolobby bremsen Fortschritte beim Klimaschutz.

Der Tagesspiegel, 1.12.2011: CO_2-Label für Neuwagen ist gezielte Verwirrung.

Frankfurter Allgemeine Zeitung, 11.10.2012: Autolobby findet neue Verbündete gegen CO_2-Ziele.

WAZ.de, 27.1.2012: 1,5 Prozent mehr Autos auf deutschen Straßen.

Zeit online, 1.10.2012: Autokonzerne fordern Kaufprämie für E-Autos.

Deutsche Umwelt Hilfe, 2.4.2012: Umstrittenes Autokältemittel R1234yf: Heimlichtuerei um TÜV-Gutachten geht weiter.

Der Tagesspiegel, 30.1.2012: Elektromobilität zu Ende denken.

ADAC Motorwelt, 9/2009.

Was war zuerst da: die Krankheit oder die Arznei?

WirtschaftsWoche (www.wiwo.de), 30.11./1.12.2010: Ex-Chef greift Generikahersteller Ratiopharm an.

handelsblatt.com, 25.4.2012: Actavis-Verkauf erleichtert die Deutsche Bank.

derStandard.at, 26.4.2012: Ein Tiroler Hecht im Pharma-Teich.

Frankfurter Allgemeine Wissen (www.faz.net), 23.9.2008: Der Pharmamarkt? Ein Bazar!

Deutsches Ärzteblatt 21/2012, S. 27.

www.reportmainz.de, Sendung vom 23.10.2012.

www.lobbycontrol.de, 29.11.2012: CDU-Gesundheitsexperte: brisante Nebeneinkünfte.

taz.de, 10.8.2012: Salamitaktik bei der Pharmawerbung.

Die Welt, 23.9.2012: Die Risiken und Nebenwirkungen bei Generika.

Der Spiegel, 17/2008, S. 98–102.

Arzneimittel-, Therapie-Kritik & Medizin und Umwelt, 2012 / Folge 3: Nachbetrachtungen zur Schweinegrippe-Pandemie. Hans Marseille Verlag GmbH.

Berliner Zeitung, 29.8.2009: Wenn wir lange testen, riskieren wir viele Tote.

Berliner Zeitung, 27.4.2012: Kritische Bayer-Aktionäre: Die Störenfriede.

Focus Money, 20.11.2012: Bayer erhält EU-Zulassung für Gerinnungshemmer Xarelto.

Der Spiegel, 3/2012, S. 71, S. 75.

Heart, 98/2012, S. 920–925: Calcium and cardiovascular disease (http://heart.bmj.com/content/98/12/920.full.pdf+html).

Lecker, lecker, Lüge

FOCUS online, 4.12.2012: Empfehlungen für Weinliebhaber Peer Steinbrück.

Die Welt kompakt, 24.1.2013, S. 19.

www.erbsloeh.de.

Volker Schneider: Flüchtige Säure. In: Die Winzer-Zeitschrift, 04/2004.

n-tv, 9.1.2013: Drohne vertreibt Ungeziefer.

Der Spiegel, 36/2012, »Droge Zucker«

Der Spiegel, 10/2013, »Die Suchtmacher«

Kleine Leute, große Meute

Heinrich-Böll-Stiftung / BUND / Le Monde diplomatique (Hg.): Fleischatlas 2013. Daten und Fakten über Tiere als Nahrungsmittel. Berlin 2013.

Spiegel online, 14.2.2013: Lebensmittelkonzerne übernehmen Methoden der Tabaklobby.

brand eins, 02/13, S.18 ff.

Handelsblatt, 20.2.2013: dm überdenkt Zusammenarbeit mit Amazon.

The Independent, 6.12.2012: Ground down: Starbucks pledges to pay £20 million tax over next two years.

na • presseportal, 1.11.2012: Die Top Trends für 2013 – Aware Shopper erzwingt Herstellerhaftung.

Abbildungsverzeichnis

Icons: © Fotolia: Matthias Enter; sharpnose; Do Ra; Erhan Ergin

S. 19: http://www.verbraucherportal-bw.de/servlet/PB/menu/2905696_l2/index.html

S. 58: http://fernsehkritik.tv/blog/2012/07/machen-sie-sich-das-ganze-bild/

S. 59: http://fernsehkritik.tv/blog/2012/07/machen-sie-sich-das-ganze-bild/

S. 80: http://eospso.gsfc.nasa.gov/eos_homepage/for_educators/eos_posters/ICE/Ice.ppt

S. 80: http://www.nasa.gov/topics/earth/features/2012-seaice-min.html

S. 106: https://www.oeko-tex.com/de/manufacturers/concept/oeko_tex_standard_100/oeko_tex_standard_100.xhtml

S. 108: http://www.fairtrade-deutschland.de/top/presse/foto-service-und-logos/

S. 110: http://fair-wear-foundation.pressdoc.com/

S. 132: http://www.pharmastammtisch-bayern.de/fileadmin/downloads/Charts_zum_AMNOG.pdf

S. 143: http://www.centrum-online.de/
http://www.abtei.de/produkte/vitamine/sonstige_vitamine/Abtei_Vitamin_D3_800IE.jsp
http://www.tetesept.de/de/produkte/vitaminemineral-stoffe/index.html

S. 144f.: http://www.orthomol.de/desktopdefault.aspx/tabid-35/

S. 166: http://www.change.org/de/Petitionen/coca-cola-cocacola-de-pack-deine-werbung-vor-unseren-fenstern-ein-behindacokead

Danksagung

Mein besonderer Dank geht an Swantje Steinbrink, ohne deren Recherche-Wut, Engagement und Unterstützung dieses Buch nie zustande gekommen bzw. fertig geworden wäre.

Und einen ganz herzlichen Dank an alle, ob anonym oder nicht, die gesprächsbereit waren und sich die Zeit genommen haben, uns Rede und Antwort zu stehen.

Anmerkungen

1. Der Spiegel, 46/2012, S. 161 ff.
2. Der Spiegel, 22/2012, S. 15.
3. »Leider trägt nur ein Bruchteil der Mehrwegflaschen das Mehrweglogo«, so Thomas Fischer (DUH). »Es gibt auch ganz viele Mehrwegflaschen ohne das Logo.«
4. Gespräch vom 10.12.2012.
5. Vgl. Winfried Huismann: Schwarzbuch WWF. Gütersloh 2012.
6. Nachwachsende Rohstoffe wie Weizen und Mais sind übrigens niemals klimaneutral, da für deren Anbau, Ernte und Verarbeitung viel Energie eingesetzt werden muss.
7. Gespräch vom 22.11.2012.
8. Gespräch vom 2.11.2012.
9. Gespräch vom 15.11.2012.
10. Der Tagesspiegel, 21.12.2008.
11. Markets in Financial Instruments Directive.
12. Siehe dazu auch das Interview auf boerse.ard.de, 25.1.2013.
13. Die neuseeländische Langzeitstudie unter der Leitung von Professor Robert Hancox erschien im Februar 2013 in der US-Fachzeitschrift »Pediatrics«.
14. TV Today (www.tvtoday.de), 29.1.2013.
15. Stand: Herbst 2011. Quelle: tv diskurs 61, 3/2012, S. 22.
16. In: die medienanstalten (Hg.): Programmbericht 2012.
17. Hans-Jürgen Weiß / Annabelle Ahrens: Scripted-Reality-Formate: Skandal oder normal? Ein Orientierungsvorschlag. In: tv diskurs 61, 3/2012, S. 20 ff.; Gespräch vom 18.12.2012.
18. Maya Götz: Wie Kinder und Jugendliche *Familien im Brennpunkt* verstehen. In: *TelevIZIon* 25/2012/1.
19. Das komplette Dokument sowie den Kandidatenvertrag (folgende Seite) können Sie unter http://forum.fernsehkritik.tv/viewtopic.php?f=49&t=11748 einsehen. (Stand: 29.1.2013)
20. Societas Europaea.
21. http://suite101.de/article/zitate-vom-literaturpapst-marcel-reich-ranicki-a61849.
22. brand eins, 08/2007. In der Rubrik: Was Unternehmern nützt.
23. Pressemeldung des Bundeskartellamtes vom 30.11.2007: »Aufgrund kartellrechtswidriger Rabattvereinbarungen, die die Vermarkter – IP Deutschland GmbH für RTL und SevenOne Media GmbH für Pro7Sat.1 – mit Media-

Agenturen bzw. werbetreibender Industrie im Rahmen von Verträgen über die Ausstrahlung von Fernsehwerbespots abgeschlossen haben, hat das Amt Bußgeldbescheide erlassen, die Geldbußen von 96 Mio. Euro (RTL) und 120 Mio. Euro (ProSiebenSat.1) vorsehen.«

24. Kurt Beck (Vorsitzender des Verwaltungsrats), Matthias Platzeck, Horst Seehofer, Bernd Neumann etc.

25. http://www.youtube.com/watch?v=sTJ7AzBIJoI

26. Konsument.at, 11/2011: Vorsicht, Lebensgefahr!

27. Dazu siehe Seite 133.

28. Legal Tribune online, 4.12.2012: Vollliberalisierung statt Strengregulierung.

29. Gespräch mit dem Dermatologen Dr. med. Afschin Fatemi am 15.11.2012.

30. Die (absteigende) Reihenfolge bei der Auflistung von Inhaltsstoffen – bei Kosmetikprodukten ebenso wie bei Lebensmitteln – gibt Auskunft darüber, ob von einem Stoff mehr oder weniger enthalten ist.

31. Bild am Sonntag, 22.7.2012: BB Creams: Wie gut sind die Wundercremes?

32. http://europa.eu/legislation_summaries/consumers/product_labelling_and_packaging/co0013_de.htm.

33. Siehe »Sunscreen-Song«, Fußnote 25.

34. Siehe Stiftung Warentest, 13.7.2012: http://www.test.de/Sonnenschutzmittel-Viel-hilft-viel-4406107-0/.

35. www.bundestag.de, 12.12.12: Umweltminister Altmaier: Ergebnisse des Klimagipfels von Doha besser als erwartet.

36. McKinsey & Company: Energiewende-Index Deutschland 2020. Dezember 2012.

37. Denn mehr Stromverbrauch bedeutet mehr Stromerzeugung – und dabei wird CO_2 freigesetzt.

38. Energetische/Thermische Sanierung.

39. brand eins, 05/2011: Viel heiße Luft.

40. Siehe dazu auch Seite 94 f. ((Wegweiser)). / Bayerisches Fernsehen, 5.12.2012: Kontrovers extra, »Der Ökoschwindel – Die Legende vom sauberen Biosprit«.

41. Das in Deutschland gültige Erneuerbare-Energien-Gesetz regelt, »wie hoch die Vergütung für Strom aus regenerativen Energieanlagen wie Windparks, Photovoltaikanlagen, Biomasse-, Geothermie- oder Wasserkraftwerken ist. Diese liegt in der Regel über der regulären Vergütung für konventionellen Kraftwerksstrom. Das Energieunternehmen, in dessen Netz die regenerativen Energieanlagen ihren Strom einspeisen, darf die Mehrkosten auf alle Stromkunden umlegen.« (Volker Quaschning: Erneuerbare Energien und Klimaschutz. München 2010, S. 83).

42. EU-Richtlinie für Beihilfen im Rahmen indirekter CO_2-Kosten = »Strompreiskompensation«.
43. Gespräch vom 19.11.2012.
44. greenpeace.de, 15.8.2012: RWE weiht Braunkohle-Kraftwerk ein.
45. www.sonnenseite.com.
46. Öko-Institut e. V. (Hg.): Strompreisentwicklungen im Spannungsfeld von Energiewende, Energiemärkten und Industriepolitik. Kurzstudie. 11.10.2012.
47. E-Mail vom 11.12.2012.
48. brand eins 01/2012: Schnell, schön und schlank.
49. Durch EBITDA Earnings before interests, taxes, depreciation and amortisation (Ergebnis vor Zinsen, Steuern, Abschreibungen auf Sachanlagen und immaterielle Vermögensgegenstände) wird das Betriebsergebnis ohne Verzerrungen dargestellt. (www.controllingportal.de)
50. brand eins, 11/2010: Wie wird man mit Ramsch reich?
51. Gespräch vom 22.11.2012.
52. E-Mail-Korrespondenz vom 5.1.2013.
53. Eine Multistakeholder-Initiative ist ein Bündnis von verschiedenen Interessensgruppen (Unternehmen und NGOs), z. B. Global Reporting Initiative (GRI), Forest Stewardship Council (FSC), Marine Stewardship Council (MSC).
54. Der Clean Clothes Campaign (CCC)-Verhaltenskodex: Folgende Sozialstandards sind für den Bekleidungsbereich als grundlegende Rechte von verschiedenen Multistakeholder-Initiativen anerkannt worden und beziehen sich auf die von der Internationalen Arbeitsorganisation (IAO) verabschiedeten Übereinkommen (die ersten vier gehören zu den so genannten Kernarbeitsnormen, verabschiedet von der ILO 1998) und die universelle Menschenrechtsdeklaration: • Das Verbot von Zwangsarbeit und Arbeit in Schuldknechtschaft (ILO Übereinkommen 29 and 105) • Das Diskriminierungsverbot (ILO Übereinkommen 100 and 111) • Das Verbot der Beschäftigung von Kindern unter 15 Jahren (ILO Übereinkommen 138 + 182) • Die Vereinigungsfreiheit und das Recht auf Kollektivverhandlungen (ILO Übereinkommen 87, 98, 135 and ILO Empfehlung 143) • Wöchentliche Arbeitszeitbegrenzung von 48 Stunden und max. 12 freiwillige Überstunden (ILO Übereinkommen 1) • Das Recht auf einen existenzsichernden Lohn (»living wage« – ILO Übereinkommen 26 und 131 und die Universelle Menschenrechtsdeklaration) • Das Beschäftigungsverhältnis ist stabil und vertraglich geregelt. • Bestmöglicher Arbeits- und Gesundheitsschutz (ILO Übereinkommen 155).

55. Gespräch vom 15.11.2012.
56. greenpeace.de, 20.11.2012: Die giftige Masche der Modemarken.
57. Die Welt kompakt, 28.1.2013, S. 25.
58. »Die Greenpeace Detox-Kampagne verlangt von Modefirmen den kompletten Verzicht auf gesundheits- und umweltschädliche Chemikalien. Hierfür sollen alle Zulieferfirmen und deren Verwendung von Chemikalien sowie die damit einhergehende Wasserverschmutzung offengelegt werden.« (www.greenpeace.de)
59. Quelle: http://www.forschungsinformationssystem.de/servlet/is/80865/.
60. Gespräch vom 31.10.2012.
61. Allerdings wird in Deutschland vor allem entwickelt und designt; produzieren lassen VW, BMW und Mercedes zunehmend im Ausland …
62. Verband der Automobilindustrie, www.vda.de.
63. Fernsehjournalist Andreas Postel in der heute-journal-Sendung vom 30.1.2013.
64. Ob Hustensaftreste oder abgelaufene Tabletten: Niemals in den Abfluss oder in die Toilette werfen – sondern entweder bei der Apotheke fragen, ob die Packungen dort zurückgenommen werden, oder in Zeitungspapier einwickeln und über den Restmüll entsorgen.
65. Gespräch mit Peter Schönhöfer vom 2.11.2012
66. Am 1. Januar 2011 ist das Gesetz zur Neuordnung des Arzneimittelmarktes (AMNOG) in Kraft getreten. Ziel des AMNOG ist, die rasant steigenden Arzneimittelausgaben der gesetzlichen Krankenkassen einzudämmen. Mit dem Gesetz wird der Weg für fairen Wettbewerb und eine stärkere Orientierung am Wohl der Patienten freigemacht. Das AMNOG schafft eine neue Balance zwischen Innovation und Bezahlbarkeit von Medikamenten. (Quelle: Website des Bundesgesundheitsministeriums, www.bmg.bund.de)
67. Die BUKO Pharmakampagne ist eine anerkannte Nichtregierungsorganisation, die der Pharmaindustrie kritisch auf die Finger schaut.
68. Gespräch vom 2.11.2012
69. http://www.boehringer-ingelheim.de/unternehmensprofil/verantwortung. html (Stand: 17.1.2013)
70. Nachahmer-Präparat.
71. derStandard.at, 26.4.2012: Ein Tiroler Hecht im Pharma-Teich.
72. Ärzte gegen Tierversuche.
73. Aber diese Versuche haben sich für Bayer offenbar gelohnt, denn im November 2012 erhielt Bayer auch von der Europäischen Kommission die Zulassung für den Gerinnungshemmer Xarelto. Bayer, so Focus Money am

20.11.2012, traue dem Mittel Spitzenumsätze von mehr als zwei Milliarden Euro pro Jahr zu.

74. Gespräch vom 28.11.2012.

75. Inzwischen ist nicht mehr auszuschließen, dass die in der Margarine Becel pro.activ eingesetzten Pflanzensterine sogar gesundheitsschädliche Nebenwirkungen haben. (www.foodwatch.de)

76. Der Journalist und Wissenschaftskritiker Ray Moynihan schrieb 2010 ein Buch darüber (siehe »Werke und Websites für Wahrheitssucher«, S. 173 ff.

77. Achtung: Das »Arzneimitteltelegramm«, aufgelegt von einer pharmafreundlichen Marketingagentur, ist eine Kopie des pharmakritischen »arznei-telegramms« und dient der gezielten Irreführung von Interessenten am »arznei-telegramm«.

78. Spiegel online, 14.2.2013: Lebensmittelkonzerne übernehmen Methoden der Tabaklobby.

79. http://www.tagesschau.de/inland/ernaehrung114~mobil_pic-1.html.

80. Gespräch vom 7.11.2012.

81. Die Kennzeichnungspflicht.

82. Ausgewähltes Beispiel: Firma Erbslöh, Geisenheim (Rheingau), www.erbsloeh.de.

83. Frankfurter Allgemeine / faz.net, 4.9.2010.

84. Focus online, 15.11.2012.

85. Heinrich-Böll-Stiftung / BUND / Le Monde diplomatique (Hg.): Fleischatlas 2013. Daten und Fakten über Tiere als Nahrungsmittel. Berlin 2013.

86. www.foodwatch.de.

87. www.ernaehrung-und-bewegung.de.

88. Der Spiegel, 14/2005, S. 18.

89. Der Tagesspiegel, 28.12.2012: Quengelware weggequengelt.

90. rbb Abendschau, 7.2.2013: Demokratie im Netz.

91. Diese Idee hat auch Avaaz seit Kurzem aufgegriffen und eine sogenannte Bürgerpetitions-Seite eingerichtet.

92. http://www.daserste.de/information/reportage-dokumentation/dokus/sendung/hr/13022013-ausgeliefert-leiharbeiter-bei-amazon-100.html.

93. na • presseportal, 1.11.2012: Die Top Trends für 2013 – Aware Shopper erzwingt Herstellerhaftung.

94. Eine subjektive Auswahl, die keineswegs Anspruch auf Vollständigkeit erhebt.

Bibliografische Information der Deutschen Nationalbibliothek

Die Deutsche Nationalbibliothek verzeichnet diese Publikation
in der Deutschen Nationalbibliografie; detaillierte bibliografische
Daten sind im Internet über https://portal.dnb.de abrufbar.

Mehr Informationen auf der Seite:
www.die-grosse-volksverarsche.de

Verlagsgruppe Random House FSC® N001967
Das für dieses Buch verwendete FSC®-zertifizierte
Papier *Munken Premium Cream* liefert
Arctic Paper Munkedals AB, Schweden.

Die Einschweißfolie des Buchs ist zu 100% recyclebar.
Der Schutzumschlag wurde auf einem umweltfreundlichen FSC-zertifiziertem
Naturpapier gedruckt und veredelt.

2. Auflage, 2013
Copyright © 2013 by Gütersloher Verlagshaus, Gütersloh,
in der Verlagsgruppe Random House GmbH, München

Dieses Werk einschließlich aller seiner Teile ist urheberrechtlich geschützt.
Jede Verwertung außerhalb der engen Grenzen des Urheberrechtsgesetzes ist
ohne Zustimmung des Verlages unzulässig und strafbar. Das gilt insbesondere
für Vervielfältigungen, Übersetzungen, Mikroverfilmungen und die Einspeicherung und Verarbeitung in elektronischen Systemen.

Umschlagmotiv: © Robert Recker, Berlin
Druck und Einband: GGP Media GmbH, Pößneck
Printed in Germany
ISBN 978-3-579-06636-3

www.gtvh.de